ÅRSSKRIFTET CRITIQUE

ELLEVTE ÅRGANG 2018

Årsskriftet Critique, ellevte årgang 2018

Redaktion:
cand.mag. Christian Egander Skov, ph.d.
cand.mag. Jens Lei Wendel-Hansen, ph.d.
cand.mag. Rasmus Volthers Pedersen
Opsætning:
BA.mag. Hans Henrik Juhl

Skriftet er sat med Palatino Linotype og Cambria

http://aarsskriftet-critique.dk
http://munch-lorenzen.dk

Tryk: Lightning Source
ISSN: 1903-4180
ISBN: 978-87-998211-9-8

INDHOLD

Forord   5

Det vitale centrum og postliberalismen   9
af Christian Egander Skov

Vejen til Europa   49
af Johan C. Nord

Konservatismens genfødsel ud af den tyske romantiks ånd? 69
af Mads Lund Mikkelsen

Japansk højreradikalisme fra Yamagata til Abe   93
af Simon Hesselager Johansen

Europas fremtid?   121
af Morten Jarlbæk Pedersen

På vej op ad naturens stige   147
af Peter Bjerregaard

Revolutionen i 2013   157
af Brian Degn Mårtensson

Requiem for provinsens kulturborgerskab   181
af Nikolaj Bøgh

FORORD

når du nu endelig sidder med årets udgave af Årsskriftet Critique i hånden, er det forhåbentligt stadig efterår. Ja, vi siger forhåbentligt, for vi er blevet noget forsinkede i år. Det har været et særdeles begivenhedsrigt år for forlaget, og senest har vi her i efteråret udgivet hele to bøger, nemlig Kasper Støvrings allerede meget omtalte *Gensyn med fremtiden* samt Arild Hald Kierkegaards posthume værk *National identitet i Snorre Sturlusons Heimskringla*. Der er i begge tilfælde tale om gedigne og tankevækkende værker, som utvivlsomt vil interessere Årsskriftet Critiques læsere. Men nok om undskyldningerne.

Én ting tør vi håbe – og det er i virkeligheden den eneste undskyldning, der kan gives for sendrægtigheden - nemlig at indholdet af årets udgave kan råde bod på de hårde trængsler, vi har budt vores læseres tålmodighed.

Ligesom det er tilfældet i de senere årgange, har vi ikke kunnet se bort fra den tid, vi står i netop nu, som i høj grad er en overgangstid, eller i hvert fald en tid, som er kastet ud i dyb usikkerhed. Det politiske opbrud var da også temaet på en velbesøgt konference i Århus i februar, og vi indleder dette års nummer med en stor artikel af redaktør ved Årsskriftet Critique Christian Egander Skov bygget over hans foredrag til konferencen.

Christian Egander Skovs artikel *Det vitale centrum og postliberalismen* udlægger en samlet opfattelse af, hvordan den konservative bør forholde sig til tidens to stærke politiske strømme, på den ene side et relativistisk opgør med internationale konventioner og samarbejder, på den anden side et globalistisk forsvar for den eksisterende orden. Det konservative svar skal balancere de to modpoler af individualisme og kollektivisme, og hvor opgaven for konservative historisk har været at forsvare individet, er det i dag det kollektive og fællesskabet, der er under pres. Men disse kollektiver kan – ja skal – beskyttes inden for rammerne af den liberale orden, som den konservative er forpligtet på. Dette svar står i skarp kontrast til Johan C. Nords tankevækkende essay *Vejen til Europa – usamtidig kortlægning af et endnu ungt århundrede.*

Johan C. Nord skulle have talt til konferencen i februar, men måtte melde afbud, i stedet bringer vi her hans radikale vision for et samlet postliberalt Europa, som den blev fremlagt på Studenterkredsens sommermøde i år. Inspireret af det nye højre i blandt Frankrig andet udfordrer Johan C. Nord i sin artikel konservatismens svar på tidens gåde.

Derefter beskæftiger germanisten Mads Lund Mikkelsen sig i sin artikel *Konservatismens genfødsel ud af den tyske romantiks ånd?* sig med de to kontroversielle forfattere Simon og Botho Strauss' romaner *Sieben Nächte* hhv. *Der junge Mann*. Romanernes romantiske elementer har leveret et afgørende indspark i den nyere tyske litteratur – ikke mindst i forbindelse med nyere tids debat om Tyskland som nation.

Vi bevæger os til den anden side af verden, hvor Simon Hesselager Johansen i sin artikel *Japansk højreradikalisme fra Yamagata til Abe* beskriver det nye japanske højre og viser, hvordan det ligger i naturlig forlængelse af Japans omskiftelige historie. Et centralt omdrejningspunkt er den japanske forfatning fra 1947, i særdeleshed artikel 9, der begrænset Japans mulighed for at opretholde et selvstændigt militær og nu er blevet et vigtigt angrebspunkt for det nye højre, der ifølge Hesselager Johansen med Shinzo Abe er kommet til magten i Japan.

Og så tilbage til Europa – og endda det forenede Europa – men denne gang som det ser ud i virkeligheden. I Morten Jarlbæk Pedersens artikel *Europas fremtid? – Drivkræfterne i EU's integrationsproces* om EU's fortsatte integration gives en beskrivelse af den institutionelle logik, der driver EU's fortsatte magt frem. En pointe er, at EU's integration ikke skyldes hverken et autonomt lag af embedsmænd og dommere, der handler uden politisk opbakning, eller føderale politikere, der støtter en integration, men snarere en blanding af de to. Det er det uafklarede forhold mellem det juridiske og det politiske lag, der bærer en stor del af skylden for den fortsatte integration.

Sociolog Peter Bjerregaard tager i sin artikel *På vej op ad naturens stige* udspring i Oplysningstidens moralfilosofi i sit argument for, at det særligt må være en konservativ opgave at nå til en erkendelse af naturens tilstand og reagere på klimaforandringerne.

Og som på enhver god rejse slutter vi hjemme – i Danmark.

Brian Degn Mårtensson har været en af de centrale kritikere af udviklingen i folkeskolen, som han i artiklen *Revolutionen i 2013 – da staten ikke ville vide af folket* beskriver som en revolutionær udvikling, hvor borgerne ikke længere ses som mål i sig selv, men midler for en konkurrencestat. Dannelse og viden træder i baggrunden for snævrere begreber som læring og kompetencer, og undergraver dermed den danske og vestlige skoletradition til fordel for en teknokratisk tænkning, hvis langsigtede følger vi kun kan spå om.

Endelig; I artiklen *Requiem for provinsens kulturborgerskab* tager forfatter og kommunalbestyrelsesmedlem på Frederiksberg Nikolaj Bøgh fat på en af årets helt store debatter, nemlig Udkantsdanmarks udfordringer. Bøgh tager udgangspunkt i det hedengangne provinsborgerskab, der forsvandt med den centralisering, der som et produkt af både statslig rationalisme og globaliseringen har efterladt de mellemstore danske provinsbyer kulturelt udsultede.

Som sagt har 2018 været et begivenhedsrigt år for forlaget. Det startede lidt skidt med, at vi måtte konstatere et større underskud på regnskabet til generalforsamlingen i marts. Det endte i nærheden af 11.000 kr. Det var et slag for virksomheden, men vi klarer den. Ikke mindst fordi en del af vores læsere efterfølgende donerede penge til Årsskriftet Critique. Det blev til i alt ca. 6.000 kr. Vi er ikke helt på niveau med forventningerne, men til dem, der gav en skærv til den efterhånden store mængde af gratis stof, vi laver på aarsskriftet-critique.dk skal lyde en meget stor tak. Det er i høj grad takket være jer, at vi kan fortsætte.

Vi håber og tror på, at året i år bliver godt. Som sagt har vi udgivet to bøger Kasper Støvrings *Gensyn med fremtiden – et essay om den nye verdensorden* og Arild Hald Kierkegaards *National identitet i Snorre Sturlusons Heimskringla.*

Førstnævnte har fået en modtagelse, som man kun kunne drømme om, og det første lille oplag blev hurtigt revet væk. Støvrings bog fanger meget præcis den karakter af overgangstid, som vores tid har, og det forklarer en stor del af dens attraktion for alle, der forsøger at forstå vores tid. Arild Hald Kierkegaard vil for nogle af vores læsere være kendt for sin ihærdige indsats for det danske sprog i Modersmålskredsen og Arild har også tidligere bidraget til Årsskriftet Critique. Til alles store sorg døde Arild kort efter at have skrevet et stærkt historiespeciale om national identitet i sagalitteraturen.

Vi kan takke Adam Wagner, forfatter til *Danskhed i Middelalderen*, for at have gjort forlaget opmærksom på Arilds efterladte manuskript og for nænsomt at have omformet det til en særdeles læseværdig bog om national identitet i den tidlige middelalder, som ligger på linje med Wagners egen meget roste bog fra 2015.

En stor tak skal lyde til alle forlagets støtter og frivillige, herunder Konservative Studenter på Aarhus Universitet for deres vedholdende støtte til udgivelsen. Ikke mindst Ann Christina Rindom Sørensen, der gang på gang har hjulpet os, når vores ringe evne til at drive forretning har ledt os til afgrunden, fortjener en stor tak. Også Hans Henrik Juhl fortjener tak for sit arbejde med grafik og IT. Endelig skal en tak skal gå til Anders Orris og Mikael Brorson, der i det daglige træller i Repliques redaktion og har været med til at sikre dette blads høje kvalitet. Og naturligvis tak til alle der i årets løb har skrevet til Årsskriftet Critique, Replique og aarsskriftet-critique.dk.

Redaktionen
Felsted-Frederiksberg-København, oktober 2018

DET VITALE CENTRUM OG POSTLIBERALISMEN

AF REDAKTØR, PH.D. CHRISTIAN EGANDER SKOV

Konservatisme og krise er symbiotiske begreber. Hvis du har det ene, har du også det andet. Men hvordan skal konservatismen agere i en krisesituation eller i et tidehverv? Spørgsmålet er blevet aktuelt, fordi det netop er dér, vi står. Krisen har sin rod i globaliseringen og filtrer økonomi, politik og åndsliv sammen til en gordisk knude. Et af krisens tegn er, at vi igen på højrefløjen finder bevægelser og idéer, som slet og ret foreslår at gøre som hin Alexander og hugge knuden over. Hvad er forholdet mellem konservatisme og krise? Hvordan og i hvilken forstand er vores tid en krise? Og hvad skal der gøres? Det er nogle af de spørgsmål, jeg i det følgende skal dykke ned i. Artiklen her er en udbygget og – forhåbentlig – forbedret udgave af min tale til *Årsskriftet Critique*s årskonference i februar 2018.

Konservatisme og krise

Umiddelbart er der noget kontraintuitivt ved udsagnet. For er konservatisme ikke netop en ideologi, der skyr brud, diskontinuitet og revolution? Måske fremkalder billedet af den konservative ikke konnotationer som radikalisme og opbrud, men snarere sat magelighed. Ja, handler konservatisme ikke netop om at "forandre for at bevare", som det lyder i hver anden partikonservativ skåltale?

"Forandre for at bevare". Dette sindige ord bruges nok mere til at legitimere forandring end bevarelse. I hvert fald udlægger Det Konservative Folkeparti sentensen således: "At være konservativ betyder i politisk sammenhæng, at man ønsker at forbedre og forny samfundet. Men en konservativ vil altid søge at bevare det bedste af den tradition og erkendelse, vi allerede har, og bruge det som afsæt for en fremadrettet udvikling af et samfund i balance."[1] Ser vi bort fra de politiske aktørers imponerende smidighed, er det værd at holde fast i, at ordet faktisk fanger en kerne i konservatismen. Det går tilbage til Edmund Burke, der i *Tanker om den franske revolution* sagde: "En tilbøjelighed til at bevare og en evne til at forbedre ville tilsammen være mit mønster på en statsmand. Alt andet er vulgært i tanken og farligt i udførelsen."[2] Denne konstatering er slet og ret et udtryk for sund politisk snusfornuft. Kritikere kan måske endda hævde, at der er tale om en banalitet, som det ikke er nødvendig at gøre opmærksom på – slet ikke nok til at konstituere en genuin politisk filosofi.

Men måske er det netop krisens karakteristikon, at den gør det nødvendigt at genfremsætte banaliteter og selvfølgeligheder? Det er krisens årsag og udtryk, at de sandheder, man har opfattet som evigtgyldige, enten er blevet glemt eller aktivt søges ophævet. Krisens kainsmærke er, at kompasnålen ikke længere peger mod nord. Ja, ingen ved hvor nord er. Mange tvivler på, om det findes. Edmund Burke selv var pinligt bevidst om sin samtids karakter af krise, og han gjorde erkendelsen af krisens åndshistoriske eftervirkninger til et centralt tema i hans kritik, der netop gjorde krisen til ansatsen til formuleringen af en konservativ politisk position. Han skrev: "Det forekommer mig, at jeg lever i en krisetid… alt taget i betragtning er Den franske revolution det mest forbavsende, der hidtil er hændt i verden… alt synes naturstridigt."[3] Han fulgte senere i samme bog op med konstateringen af denne krises specifikke konsekvens, omstyrtningen af samfundet og omvurderingen af alle værdier. Burke spurgte: "Hvem ville indplante et menneske en nænsom og fintmærkende æresfølelse næsten fra hjertets første slag, når ingen kunne vide, hvad der var ærens kendemærke hos et folk, som ideligt forandrede sit

---

[1] https://konservative.dk/partiet/historie/om-konservatisme/

[2] Edmund Burke: *Tanker om den franske revolution*, Ribe, 1987, s. 156

[3] Ibid., s. 14

møntvæsens værdi?". Og han udpenslede selv resultatet af likvidationen af de faste sandheder:

> *Intet livsområde ville bibeholde sine værdier. Barbari i henseende til videnskab og litteratur, ukyndighed i kunst og håndværk ville uvægerligt blive følgen af manglende regelmæssig opdragelse og faste grundsætninger, og således ville selve samfundet i løbet af få slægtled hensmuldre, opløses i individualitetens støv og smuld og endelig splittes for alle vinde.*[4]

For Burke var samfundets orden funderet i religionen, der viste hen til, hvad han kaldte en *"evig og urokkelig lov, hvori vilje og fornuft er eet"*.[5] Den franske revolutions adepter, ja, Burkes samtid som helhed, havde mistet fornemmelsen for dette forhold. Derfor var den i krise. Men den franske revolution varslede også en verden, hvor mennesket troede sig i stand til at indrette den sociale og politiske virkelighed, som det ville, og hvor den politiske bestræbelse derfor blev virkeliggørelsen af denne eller hin utopi. Det er den moderne verden, der ifølge Burke skulle "opløses i individualitetens støv".

Ja, og her står vi så mere end 200 år efter.

Og det er lidt af et problem. For nok kan man pege på modernitetens skyggesider. Det skorter ikke på eksempler på vildfaren idealisme eller væbnet idealisme. Men dog, vi står her. Ja, vi står endnu. Og det er lidt af et problem.

Hvordan skal vi i dag forstå Burke og dermed konservatismens ærinde? Læst fra en kant synes en konservatisme i Burkes spor at forstene til en hård og uforsonlig modernitetskritik, der ikke sætter en i stand til stort andet end at begræde de sidste 200 års udvikling – eller ligefrem søge den omgjort. På den anden side, hvis man nu blot hæfter sig ved "forandre for at bevare", bliver konservatismen reduceret til leddeløs pragmatisme, eller måske fodslæbende liberalisme, for nu at bruge et udtryk fra den

---

[4] Ibid., s.96

[5] Ibid., s. 95

forkætrede radikalkonservative Harald Nielsen. Valget er tilsyneladende mellem en konservatisme, der er forpligtet på forsvaret for en specifik politisk orden, der allerede er væk, og en konservatisme, der ikke er andet end en metode.

Men der er en tredje mulighed: En opfattelse af konservatismen som et pragmatisk forsvar ikke blot for en specifik politisk, social og kulturel orden, men for orden i det hele taget. En pointering af, at orden konstituerer alt andet og er forudsætningen for andre attråværdige ting, frihed, velstand, menneskelig udvikling. Konservatismen er en ideologi – eller, hvis man ikke bryder sig om det ord, en tænkning – der forsvarer orden i erkendelsen af enhver ordens iboende skrøbelighed. Den handler, som den konservative skribent Jonah Goldberg har pointeret i sin nye bog *Suicide of the West*, om taknemmelighed.

Vi er nået til et ganske særligt sted i historien. Ikke Edens have eller utopia, men et overordnet set godt samfund, der er værd at forsvare og grund til at være taknemmelig for. Ja, konservatismen er en politisk tænkning, der giver mening, der hvor den bestående orden er værd at forsvare: en politisk ideologi, der interesserer sig for det før-politiske, fordi dens egentlige ærinde er forudsætningerne for orden i det hele taget.

Udviklingens mekanik og konservatismens ærinde

Vil vi lære om en sådan konservatisme i dansk sammenhæng, kan vi med fordel konsultere den næsten glemte konservative ideolog Arnold Fraenkel (1851-1945), der på baggrund af sin omskiftelige samtid forsøgte at formulere en vision om konservatismens væsen og opgave i tidens strøm. Fraenkels væsentligste politiske forfatterskab faldt, da han allerede var i en moden alder. Fra udgivelsen af bogen *Verden med dansk Maal eller Danmark med Verdensmaal* og forskellige tidligere artikler pegede han på Vesterlandets forestående krise i takt med dets relative økonomiske tilbagegang og tab af oversøiske markeder.

Som andre i sin samtid var han efter Japans overraskende ydmygelse af Rusland i 1904-05 optaget af den gryende udfordring fra et genrejst Østen. Han var for tidligt ude, men at han ikke tog fejl, eller at hans bekymringer ræsonnerer den dag i dag, behøver man kun at konsultere Per Stig Møllers seneste bog *De fire isbjerge*, der netop spår om en kinesisk fremtid, for at få bekræftet. Men en stor del af hans forfatterskab kom også til at dreje sig om middelklassens politiske betydning og specifikt om konservatismen. Således skrev han i 1918 den første moderne, konservative tekst. *Politisk læsebog I*, kaldte han den. Og i 1932 udgav han den imponerende bog *Middelstanden*, der blev ignoreret i samtiden og i eftertiden, men som ikke desto mindre var en skarp betragtning om en klasse, der var i drift dengang som i dag.[6]

Som spændingerne tog til, og den antiliberale konservatisme voksede frem, udlagde han i polemik med en yngre, antiliberal konservativ sin vision for konservatismen i tidsskriftet *Det nye Danmark*. Ifølge Fraenkel blev historien drevet frem af en art *"Udviklingens mekanik"*: naturkræfter, han kaldte centrifugal- og centripetalkraften. Altså den midtpunktsflyende og den midtpunktsøgende. De er naturkræfter, fordi de er ydre udtryk for menneskets iboende træk: På den ene side det forhold, at vi er egoister, der har selvopretholdelse som mål; på den anden side, at vi er sociale samfundsvæsner: "indstillet paa at leve i Samfund og ude af Stand til at føre et normalt Liv udenfor Samfundet."[7]

Han skrev om disse kræfters vekselvirkning i historien:

Den ene naar aldrig til absolut Herredømme over den anden, men den ene afløser stadigt den anden i den førende Stilling. I Tider, der er præget af Individualisme, skabes der meget. Noget af det duer, andet ikke. Jo længer Perioden varer, desto værre raser In-

---

[6] Man kan læse mere om Fraenkel i Christian Egander Skov: *Konservatisme i mellemkrigstiden*, Aarhus, 2016 samt i Jørgen Fink: *Storindustri eller middelstand*, Aarhus, 2000

[7] Arnold Fraenkel: "Til Spørgsmaalet om Konservatismen" i: *Det nye Danmark*, 1930 s. 233-241, 235

dividualismen, indtil ethvert Livsmaal falder sammen i Jeg'et. Intet Hensyn gælder overfor andre uden deres Betydning for en selv. Stat, endsige Samfund, bliver Abstraktioner under Kampen af alle mod alle, indtil endelig Reaktionen indtræder.

Samfundsinstinktet gør sig gældende, det udløser sig i Sammenslutningen og bringer det Offer, der betinger den, i Opgivelsen af den absolutte Valgfrihed, som Sammenslutningen kræver. Samfundet, der var sin Opløsning nær, drager nu Individerne tilbage til sig. Hovedvægten lægges ikke mere paa at skabe, men paa at sigte, ordne og konsolidere. Naar i den individualistiske Periode alt nyt modtages mod Forventning, betragtes det nu med Mistro. Man stiller sig fjendtligt overfor Initiativet og indleder dermed Forbeningen, hvor tilsidst alt og alle trues med Kvælning under Centralisering og Regereri. Saa melder Reaktionen sig igen.[8]

Dette er ved første øjekast en spekulativ tilgang til historien. En art cyklisk historieteori meget lig den, vi kender fra den klassiske oldtid. Ved nærmere eftertanke er der imidlertid mere tale om en stor syntese over den hidtidige historiske udvikling, der kobler sig til en prognose for fremtiden – altså Fraenkels fremtid i 1930. Han skriver således:

De historiske Tidsrum, der svarer til disse Udsving kaldes i vor Kulturperiode: Feudaltiden, der var den individualistiske Periode, hvor man ikke kunde tale om et samfund, fordi den netop betød et Samfund i Opløsning. Derefter indtræder langsomt Centraliseringen under en Centralmagt, der vokser sig stærkere og stærkere, indtil Staten forbenes i Absolutismen, som igen opløses af Kapitalisme, Kræfternes frie Spil med sin politiske Konsekvens i Demokrati, Parlamentarisme og almindelig Stemmeret. Men allerede er Pendulet begyndt at svinge tilbage, kun er det ikke let at se, om den ny Ordning skal hidføres gennem de koncentrerede

---

[8] Ibid.

14

Bedrifter [altså virksomheder] der vil forsøge at gentage feudal-
epoken paa Grundlag af den bevægelse Kapital eller gennem So-
cialismen.[9]

Man kan sige meget om Fraenkels historiesyn, dets præcision el-
ler mangel på samme, dets blinde punkter og dets noget for-
tænkte forsøg på at fundere den historiske proces i to – og kun to
– menneskelige egenskaber: egoisme og kollektivisme. Men dette
skulle ikke være nok til at affeje det som en fortælling, gennem
hvilken man kan ordne historien, der som bekendt ellers bare er
"one damn thing after another", som den ligeledes spekulativt
anlagte Arnold Toynbee skulle have bemærket. Men sagen er
den, at vi altid forstår historien gennem fortællinger, og som for-
tælling fanger den en vekselvirkning, der faktisk har præget det
20. århundredes historie. Og rettelig forstået pegede Fraenkel på
det faktum, at han selv i sin historiske situation – og han var på
dette tidspunkt omkring de 80 år – stod ved indgangen til en ny
historisk epoke, omsvinget fra yderligtgående individualisme til
yderligtgående kollektivisme. Det var rigtigt.

Fraenkels tanker forstår vi bedst som et forsøg på at nå til
klarhed over hans egen historiske situation, og hvordan han som
konservativ måtte stille sig. I det hele taget er dette jo et kende-
træk ved de historiske meta-narrativer. Oswald Spengler kan
ikke for alvor fortælle os noget om de love, der dirigerer historien,
men *Vesterlandets Undergang* er ikke desto mindre et impone-
rende vidnesbyrd om dens affattelsestidspunkt og et forsøg på at
nå til klarhed over en specifik historisk situation – i øvrigt den
samme som Fraenkels. Når Spengler skrev om kulturens kulmi-
nation og forstening i civilisationen og den kommende cæsa-
risme, var det mindre en analyse af historien end en historisk ana-
lyse af netop hans tid.

Men hvor Spenglers historiesyn var højreradikalt eller radi-
kalkonservativt, fordi det udtrykte en eksplicit fatalisme, der talte
til den politiske desperation, var Fraenkels konservativ i en mere

---

[9] Ibid., s.236.

15

gængs forstand, fordi den så at sige nøjedes med at udtrykke bekymring over krisen og derpå forsøgte at anvise veje for, hvordan man rimeligvis måtte agere for at redde mest muligt i den nye tid, der nødvendigvis ville komme. Hvor det for Spengler gjaldt om endegyldigt at stede de liberale idéer såvel som den gamle tid i det hele taget til hvile, gjaldt det for Fraenkel om at styre statsskibet gennem de oprørte vande.

Historiens afslutning

Om vor tids – eller måske snarere vor nære fortids – mest imponerende historiefilosofiske værk Francis Fukuyamas (1952-) *Historiens Afslutning og det sidste menneske* eller *The End of history* fra 1992, kan vi sige det samme, som vi sagde om Fraenkel og Spengler. Man skal være meget spekulativt anlagt for at kunne følge den unge Fukuyamas hegelianske postulater om herre-slave-dynamikken i historien. Ifølge den består historien slet og ret i det dialektiske forhold mellem slave og herre gennem tiden. Ved historiens begyndelse opkaster den stærkere sig til herre over den svagere. Men forholdet er utilfredsstillende for begge. Slaven af naturlige årsager, fordi han er fratager enhver værdighed og anerkendelse, men det samme gælder for herren, der jo kun har slavens anerkendelse, hvilket er utilfredsstillende.

I det moderne liberale demokrati, der opstår efter historiens sidste store slaveopstand, den franske revolution i 1789, etableres en orden, hvor mennesker gensidigt anerkender hinanden som ligemænd. Dermed er det liberale demokrati historiens endemål, fordi det slet og ret tilfredsstiller menneskets naturlige og iboende trang til anerkendelse, det træk, som konstituerer menneskets menneskelighed. En imponerende tankebygning, men såre spekulativt.[10]

---

[10] I virkeligheden ligger bogens væsentligste indsigter i dens første og sidste del. I første del viser Fukuyama med henvisning til moderniseringsteori, hvorfor historien empirisk set har vist sig at lede i retning af det økonomiske system, vi kalder kapitalisme. I den sidste – og ofte oversete – del beskæftiger han sig med kedsomhed og goldheden ved historiens afslutning og antyder en

Men ser man bort fra det, er *End of history* præcis en bog, der med imponerende vid registrerer og udtrykker en specifik tidsånd og utøjlelig optimisme, som prægede os fra 1989 og frem til tiden efter 2001 eller måske helt frem til finanskrisen. Det er et fascinerende værk, ikke kun fordi Fukuyama havde ret i meget, men også fordi han tog fejl. Læst i dag står den som et levn fra en tid, som de fleste af os levende erindrer, men som vi også forstår, at vi ikke længere lever i.

I *End of history* formidlede Fukuyama sin samtids vished om det liberale demokratis endelige sejr over totalitarismen. Den trak linjen videre fra det realhistoriske faktum, at det liberale demokrati faktisk var ved at sejre og helt konkret havde slået sine to væsentligste udfordrere i det 20. århundrede, kommunisme og fascisme, af banen. Således blev bogen et vidnesbyrd om vor nære fortids forventning om, at demokratiet nu ville fortsætte sin sejrsgang rundt om i verden.

Det var som nævnt ikke spekulativt i sig selv, men en rimelig prognose baseret på den tilgængelige viden. Da Fukuyama udgav sin bog i 1992, var demokratiseringen allerede i fuld gang. Ti år forinden, i 1982, var det kun lige over en tredjedel af verdens befolkning, der levede i demokratier. I 1992 var det omtrent halvdelen. I absolutte tal var antallet af demokratier steget fra 38 til 71. Og efter 1992 steg antallet yderligere. Der var alt mulig grund til at tro, at demokrati og frihandel ville sikre gensidig velstand i den nye post-historiske verden, som var opstået.

Jovist, nok eksisterede der endnu en væsentlig del af verden, der så at sige var fanget i historien, dvs. som endnu ikke var nået til afslutningen i form af individualisme, kapitalisme og liberalt demokrati, men det var givet, at de ville komme der, og at det næsten ville gå af sig selv. De udgjorde intet alternativ, men var bare nølere.

---

moderniteтskritik inspireret af den konservative filosof Leo Strauss (1899-1973).

Pendulet svinger tilbage

Og længe gik det da også af sig selv. Indtil det ikke gjorde længere. Så blev det i stedet, som Arnold Fraenkel havde skrevet i 1930. Historien gik ikke én vej. Pendulet svingede tilbage.

Hvor Fukuyama med *End of history* havde udtrykt én epokes tro på sin egen evighed, er det klart, at vi nu befinder os et andet sted. Og er vi i tvivl, kan vi altid spørge Fukuyama selv. Siden sin berømte gennembrudsbog har han, som en god konservativ (for det er i sidste ende, hvad han er), været travlt beskæftiget med at pege på alt det, der kan gå galt i vores tid.

Denne side af forfatterskabet er ikke mindst blevet udfoldet i de seneste år og sammenfattes i værket *Political order and political decay* fra 2014. Bogen blev kendt herhjemme, fordi Fukuyama dér holdt Danmark frem som rollemodelen for den moderne stat, hvor institutionerne nyder en dyb og bredt funderet legitimitet, hvor der er en høj grad af tillid mellem borgerne, et lavt konfliktniveau, gode økonomiske vilkår og lav korruption. Man kunne opfatte *Political order and political decay*, der i øvrigt er en fortsættelse af den ligeså digre *The origins of political order* fra 2011, som en overbygning på *End of history*, hvor det blot blev gjort klart, at historiens endemål ikke var det liberale demokrati i bred forstand, men helt specifikt Danmark. Målet for den verdenshistoriske proces var at blive som Danmark. "Getting to Denmark" kaldte Fukuyama det.[11]

Men forstået ret var bogen ikke en præcisering, men et korrektiv. For en af bogens centrale pointer er, at enhver politisk orden altid står i fare for at forfalde. Man er aldrig ankommet til historiens endestation. Den historiske udvikling kan bedre lignes med at bygge et hus. Allerede før det er færdigt, begynder det at forfalde. Det skal løbende vedligeholdes. Og når man så tror, man kan slå benene op, opdager man, at der er brug for et ekstra børneværelse. Det er aldrig fuldbragt.

---

[11] Begrebet har en fra to økonomer, hvis arbejde hans værk inkorporerer i en større fortælling om politiske institutioners opståen, udvikling og forfald.

Mere specifikt pegede Fukuyama på, at også det amerikanske demokratis institutioner var truet af forfald, eller rettere i forfald. I en artikel i sit tidsskrift *The American Interest* talte han endog om "The great unravelling", optrevlingen af det stof, der binder samfundet sammen.[12] I *End of history* var det derimod Amerikas kombination af individualisme, liberalt demokrati og fri markedsøkonomi, der holdtes frem som idealet. Det var en bog, viet til og udtryk for amerikansk exceptionalisme.

Historien var ikke slut. Demokratiet var truet af forfald, og når Fukuyama nu talte om at "nå til Danmark", handlede det i virkeligheden om at anvise en vej bort fra de demokratiske institutioners forfald. Det var ikke længere nok at nå til historiens afslutning, nej, man måtte, når man var nået dertil, hastigt forlade den synkende skude og nå til Danmark. Det havde med andre ord vist sig, at den politiske og økonomiske liberalisme også var et risikabelt projekt.

Dansk exceptionalisme og den store optrevling

Den store ironi er naturligvis, at Danmark ikke er blevet Danmark alene på grund af vores evne til at realisere almengyldige politisk liberale principper og drage nytte af den lovmæssighed, som moderne liberale peger på, styrer det økonomiske. Et forhold Fukuyama selv har peget på. Danmark er en relativt kulturelt homogen nationalstat, hvis kulturelle selvforståelse, en indædt amerikansk exceptionalist ville afskrive som tribalistisk.

Vi har en markedsøkonomi, men den er heftigt reguleret, og vi har stor tillid til de offentlige institutioner, men denne er ikke kun funderet på, at de er relativt velkørende, men måske nok så meget i en luthersk arv, der betyder, at vi er disponeret for at acceptere øvrigheden. Og hvad angår den store slaveopstand, der satte den moderne verdens grundvilkår, ja, så er billedet herhjemme præget af den institutionelle kontinuitet mellem enevælde og folkestyre.

---

[12] Francis Fukuyama: "The Decay of American Political Institutions" i: *The American Interest*–, nr. 3, 2014

Nogenlunde således udlægger historiker dr.phil. Knud J.V. Jespersen forholdet i *Historien om Danskerne 1500-2000*. Uanset detaljerne, er Danmark blevet Danmark af historiens uoverskuelige og kringlede veje. Og man kan endog skærpe pointen i den retning, at den selvsamme globalisering, der i sin tid blev opfattet som den post-historiske verdens inderste drivkraft og stærkeste udtryk, faktisk er noget af det, der er med til at gøre Danmark mindre "Danmark".

Vi har et samfund med en høj grad af tillid, der baserer sig på velfungerende institutioner, lav korruption, kulturel homogenitet og en formodning om, at vi alle – eller i hvert fald de fleste – er sikret mulighederne for, at vi og vores børn kan leve et sikkert og værdigt liv. Men alt det er under pres, eller opleves som under pres, af globaliseringen. Eller som Per Stig Møller skriver *i De fire isbjerge*, globaliseringen er til fordel for borgerne, men:

> *Det er imidlertid ikke altid, borgerne oplever disse forandringer som forbedringer. Når de førhen offentlige busruter udliciteres, nedlægger de nye ejere naturligvis de urentable... Når man i den nødvendige politiks navn nedlægger små skoler og hospitaler og i effektivitetens navn nedlægger de kommunale skattekontorer, opleves det ikke kun som forbedringer.*[13]

Dertil kommer, at borgerne oplever en stigende afstand mellem deres eget liv og så de vilkår, der bydes samfundets elite. I det offentlige kan chefer, der har stået i spidsen for skandaler og fiaskoer vide sig sikre på, at der venter dem en ny god stilling, selv hvis de skulle mærke konsekvensen af deres manglende evner. I det private holdes der lønfest på direktionsgangene, fremhæver Per Stig Møller.[14]

---

[13] Per Stig Møller: *De fire isbjerge – om verdens største udfordringer*, Kbh., 2018, s. 149

[14] Ibid. s. 149

Og så har vi end ikke talt om værdier og kultur. Om dem skrev historikeren Michael Böss, der dengang var lektor ved Aarhus Universitet, i sin bog *Republikken Danmark – oplæg til en ny værdipolitisk debat*:

> ... *man kan påpege tegn på erosion af det danske samfunds værdigrundlag; fra det institutionelle til det personlige plan. Altså lige fra den måde, vores demokrati og velfærdssystem har udviklet sig på i de sidste par årtier til spørgsmål om personlig anstændighed og adfærd, eksempelvis i trafikken i måden vi taler på og i synet på mennesker, der har en anden kultur end den, vi kalder vores egen."* [15]

Det var i 2011. Afstanden stiger, skellene vokser. Optrevlingen er i gang.

Donald Trump og den amerikanske krise

Hvis man skal opfatte "getting to Denmark" som en slags vejviser for det liberale demokrati i den specifikt amerikanske kontekst, som *Political decay* indgår i, må man her et par år efter bogens udgivelse konstatere, at ligeså usikkert det er, om Danmark vil forblive "Danmark", ligeså sikkert er det, at Amerika ikke er på vej til at blive "Danmark".

Det understregede senest valget af Donald Trump som landets præsident.

Hvis vi for et øjeblik sætter parentes om vurderingen af Trumps gerninger, kan de fleste blive enige om én ting: Valget af Donald Trump var bemærkelsesværdigt. De fleste kan også blive enige om, at valget var et udtryk for en bredt funderet mistillid med den politiske og økonomiske status quo. Vi kan være uenige om, hvorvidt det, Trump står for, og det, han har præsteret, alt i alt er udtryk for en nødvendig reaktion på en grundstødt liberal globalisme – og at han derved er, hvad én prominent dansk konservativ har kaldt "Guds gave til mennesket" – eller om han er en farlig demagog, der sætter en møjsommeligt tilvejebragt politisk

---

[15] Michael Böss: *Republikken* Danmark, Kbh., 2011, s 351

og institutionel orden i fare ved sin "vulgære mandighed" for nu at bruge et udtryk fra en anden prominent konservativ, nemlig Harvard-filosoffen Harvey Mansfield.[16] Men hvis der er én ting, som den positive og den negative vurdering af Trump synes at være enige om, så er det præmissen, at han i vidt omfang repræsenterer et brud med "det normale", ikke mindst da han blev valgt.

Der er meget, der er såre usikkert, når talen falder på Trump. Og meget tyder på, at han i sin politik er langt mere konventionel, end hans stil og retorik kunne antyde. Han har ikke vendt NATO ryggen, han har ikke i nogen afgørende forstand indført protektionisme – endnu – og på et konkret lovgivningsplan har han i hovedsagen realiseret eller søgt at realisere en mængde traditionelle konservative mærkesager.[17] Men noget er forandret hos Republikanerne og i den konservative offentlighed i USA. Hvor Trump indledningsvis mødte stærk modstand fra de mest konservative republikanere, fremstår disse nu som hans mest trofaste støtter. [18]

Spørgsmålet er så, hvor dyb og stabil den forandring er. Men uanset om bruddet nu får karakter af et vendepunkt, eller om det blot bliver en forstyrrelse, og uanset om en eventuel forandring bliver til det bedre eller det værre, er det presserende spørgsmål jo, hvorfor vi har fået en Donald Trump? Hvad afslører det om vor tids længsler? Og vores fremtid?

Med andre ord: Trump er grumset i bunden af kaffekoppen, og forstår vi at udlægge dette tegn, kan vi måske forstå vores tid og vores vilkår.

---

[16] Harvey Mansfield: "The Vulgar Manliness of Donald Trump" i: *Commentary* vol. 144, nr. 2, 2017

[17] Jf. den Trump-skeptiske konservative redaktør Fred Barnes' vurdering i *The Weekly Standard*: https://www.weeklystandard.com/fred-barnes/barnes-the-gop-triumphs-of-2017

[18] Mere specifikt 93 procent mod "kun" 84 procent af det umiddelbart mest "trumpistiske" segment. Pew Research Center, *Political typology reveals deep fissures on the Right and the Left*, s. 2 tabel: "Republican coalition divided by immigration, global economic engagement, acceptance of homosexuality".

Så hvorfor fik vi Trump? Her kan vi med det samme se bort fra den desværre udbredte idé, at det skulle skyldes russisk indblanding. Det er en art dolkestødslegende, der skal forhindre yderligere selvrefleksion, et forsøg på at føre en uønsket udvikling tilbage til en konspiration. Nej, det amerikanske valg er netop interessant, og vi forstår kun, hvad der på spil, hvis vi netop forstår resultatet som et udslag af en legitim demokratisk proces. Hvis vi forstår det, så kan vi også forstå, hvorfor vi må søge dybere efter svar på, hvad der får vælgere til at skrotte konventionel politisk visdom og flokkes til en kandidat, hvis hele politiske energi kom fra det faktum, at han præsenterede sig som folketribunen, der ville sætte den politiske elite på plads.

Det mest bemærkelsesværdige faktum ved valget af Trump var, at en mand, der har været gift med tre forskellige kvinder, har pralet af sine udenomsægteskabelige affærer og sit, skal vi sige *særlige*, tag på kvinder (eller i hvert fald dele af kvinder), at en mand, der har levet hele sit liv i et grænseoverskridende New Yorker-jetsetmiljø, hvor almindelig god opførsel har været noget, almindelige mennesker måtte tumle med, at en sådan mand ikke bare fik et flertal af stemmerne blandt USA's mest religiøse protestantiske vælgere, men at han fik 81 procent af disse vælgere. Det er flere end George W. Bush, der i modsætning til Trump havde baseret sit kandidatur på denne vælgergruppe og i øvrigt selv var overbevist, genfødt kristen.

Det kristne højres centrale politiske idé, siden gruppen blev en politisk magtfaktor i løbet af 1980'erne, har altid været karakter. I erkendelse af præsidentens næsten sacerdotale funktion har man ønsket et moralsk forbillede, eller i det mindste en personlighed, der ikke ved sin habitus udfordrede kristelig moral. Med Trump så man stort på det. Listen over de evangikale lederes forsøg på at undskylde og bortforklare Trumps væsen er lang og tjener alene til at understrege, at de selv har opgivet fundamentet for deres politiske virke.

Så spørgsmålet er: Hvad i al verden foregår der? Svaret på det spørgsmål peger i retning af en samfundsmæssig krise, der har såvel økonomiske som kulturelle og geopolitiske elementer, men som uanset om vi anskuer den fra det ene eller andet udgangspunkt, handler om en uafviselig fornemmelse af usikkerhed, som i sidste ende er funderet i afmagt.

Glemte mænd – glemte samfund

Der er lavet adskillige undersøgelser af Trumps vælgere for at finde ud af, hvem de er, og hvorfor de har stemt, som de har. Men den første distinktion, det er nødvendigt at foretage, er mellem Trumps kernevælgere og dem, der støttede ham, fordi det var et binært valg mellem Trump og Hillary Clinton. Trumps kernevælgere var dem, der allerede før det republikanske primærvalg reelt var afsluttet, støttede ham og altså bevidst vragede de andre kandidater fra partiets konservative henholdsvis liberale fløje. Hvorfor støttede de ham? Den anerkendte tænketank RAND Corporation fandt i en undersøgelse i begyndelsen af 2016, at særligt et spørgsmål kunne forudse, om primærvælgerne støttede Trump. Det var spørgsmålet "føler du, at folk som dig har en stemme." At føle sig uden stemme i politik forøgede chancen for, at man støttede Trump med hele 86 procent.[19]

Afmagten over samfundets almindelige udvikling vejer tungt for Trump-vælgeren og resonerer bredt i det amerikanske samfund. Ifølge en stor undersøgelse fra Public Religion Research Institute og tænketanken Brookings mente næsten halvdelen af den amerikanske befolkning, at udviklingen i landet siden 1950 havde været til det værre. Selvom det i sig selv vidner om en udbredt kulturel pessimisme, bliver det endnu mere udtalt, hvis man i stedet for alle amerikanere spørger den hvide arbejderklasse, hvor 66 procent mente, at udviklingen havde været negativ. Og hvad værre er, hele 48 procent af de hvide arbejderklassevælgere mente, at landet havde forandret sig til det værre i en

---

[19] https://www.rand.org/blog/2016/01/rand-kicks-off-2016-presidential-election-panel-survey.html

sådan grad, at de ikke længere følte sig hjemme i Amerika. De følte med andre ord, at de havde mistet deres hjemland. [20]

Et andet spørgsmål, der blev stillet respondenterne, var, om man opfattede USA som et kristent land. Her viste det sig, at over 60 procent af de evangikale vælgere ikke mente, at USA var et kristent land. Ikke længere. Jo, det havde været kristent engang, men havde tabt sin identitet. På den baggrund kan det ikke undre, at kulturpessimismen blandt de evangikale vælgere overgår den hvide arbejderklasses. Næsten tre fjerdedele af det kristne højre mener, at udviklingen i USA er gået den forkerte vej siden 1950. Og det er naturligvis her, vi har forklaringen på deres næsten unisone opbakning til Trump.

At man ikke kan genkende det land, man er vokset op i, og som rettelig tilhører en – eller værre, at man ikke længere føler sig hjemme det sted, hvor man nu engang har hjemme – er ikke trivielle sager. Mennesket har brug for at høre til og brug for at blive anerkendt i sit tilhørsforhold. Hjemløshedsepidemien vidner om den kulturelle krises dybde. Det handler ikke om, at politikerne gør noget forkert, men om at det hele synes at være gået op i sømmene, således at tilværelsen fremstår forkert. Jo, det handler på overfladen om værdier, der skifter eller har flyttet sig. Og sådan går det jo altid. Og mens det er givet, at ethvert moderne og dynamisk land må være præget af en udvikling, der med et alt for moderne ord "disrupter" vores dagligdag og betyder, at allerede os, der stadig er unge, kan huske en nær fortid, som var grundlæggende anderledes end vores nutid, så er der noget dybere og mere fundamentalt på spil her.

Trump-fænomenet og gennembruddet for den højrepopulistiske position, han repræsenterer, har ført til genopdagelsen af det, den amerikanske præsident Franklin Roosevelt kaldte "den glemte mand". I 2017 drejer det sig mere præcis om den glemte

---

[20] Robert P. Jones, Daniel Cox, and Rachel Lienesch: *Beyond Economics: Fears of Cultural Displacement Pushed the White Working Class to Trump*, PRRI, 2017, kap. VIII. Race, Gender, and Cultural Change, Fears about the Changing Culture Landscape.

hvide mand, som lever i de glemte områder, f.eks. i det journalisten Kevin D. Williamson har kaldt "Den store hvide ghetto", Appalacherbjergene.[21] Det er Arbejderen – eller ofte den arbejdsløse – mand i rustbæltet eller i gamle nedslidte landområder, hvor håbet for længst har mistet ethvert fikspunkt i dagliglivet. Williamson beretter:

> Thinking about the future here and its bleak prospects is not much fun at all, so instead of too much black-minded introspection you have the pills and the dope, the morning beers, the endless scratch-off lotto cards, healing meetings up on the hill, the federally funded ritual of trading cases of food-stamp Pepsi for packs of Kentucky's Best cigarettes and good old hard currency, tall piles of gas-station nachos, the occasional blast of meth, Narcotics Anonymous meetings, petty crime, the draw, the recreational making and surgical unmaking of teenaged mothers, and death: Life expectancies are short — the typical man here dies well over a decade earlier than does a man in Fairfax County, Va. — and they are getting shorter, women's life expectancy having declined by nearly 1.1 percent from 1987 to 2007.

Det handler ikke kun om økonomi. Forfatteren J.D. Vance har i sin meget omtalte bog fra 2016 *Hillbilly Elegy* skildret den hvide underklasse i Appalacherbjergene, hvis liv ikke bare er præget af dyb fattigdom, men også af normsammenbrud, social opløsning, misbrug af enhver art og i det hele taget en dyb kulturel fortvivlelse.

I de sidste 40 år har det amerikanske civilsamfund oplevet et voldsomt forfald, som f.eks. Charles Murray og Robert Putnam har vist i bøger som *Coming Apart* og *Our Kids*. Uanset om det er ægteskab, lokalt engagement, tilhørsforhold til arbejdsmarkedet, deltagelse i frivillige foreninger eller kirker er der sket et markant skred i den amerikanske befolkning – særligt i arbejderklassen.

---

[21] https://www.nationalreview.com/2014/01/white-ghetto-kevin-d-williamson/

Det fintmaskede net af lokale institutioner fra ægteskabet til menigheden er på hastigt retur med katastrofale konsekvenser for samfundets sammenhængskraft og integrationen af individer ind i fællesskabet og dets normer.

En af Vances mest interessante pointer er, at denne gruppe amerikanere, der aldrig har været hverken rige eller særligt velfungerende, over de sidste mange år har oplevet noget nyt, som for alvor har sat dem i opposition til samfundets dominerende strømninger: Den jævne amerikaner i den hvide arbejderklasse har indtil nu i særlig grad identificeret sig med nationen og er blevet anerkendt som dens rygrad. Dette har, kan man indskyde, måske særligt været tilfældet i det 20. århundrede, hvor verdenskrigene sikrede en integration i dybden af den ringere stillede del af befolkningen.

Arbejderen har været stolt af sit land og sin kultur. Men det er præcis den stolthed, der i dag har fået storbyernes kosmopolitiske eliter og intellektuelle til at se ned på ham. Det er præcis hans patriotisme og kulturelle værdier, der har gjort ham til mål for hån og spot fra eliterne inden for kultur, medier og finans. Han kan i bedste fald vælge, om han skal opfattes som "deplorable" eller blot ynkværdig. Arbejderen kunne set gennem det kosmopolitiske centrum-venstres optik kun opfattes som enten forbryder eller offer.

Det er de samme værdier, der før gjorde den hvide arbejderklasse til den solide basis for det amerikanske samfund, der nu har låst dem fast i et uforsonligt opgør med den progressive elite og dens værdier. De er havnet i en situation, hvor de må opfatte sig som part i en kamp, der ikke bare handler om denne eller hin konkrete værdi eller policy, men om landets identitet i det hele taget. Er det ikke det, der er brændstoffet for de fleste af de bevægelser, vi til dagligt kalder populistiske, nemlig at de er betinget af en udbredt fornemmelse af, at de vestlige lande er ved at miste deres historiske identitet ikke blot på grund af masseindvandring, men også på grund af erosionen af værdier, normer og samlende fortællinger, der hidtil har været selvfølgelige?

De to post-industrielle verdener

Det hele handler altså ikke bare om økonomi, men naturligvis har det også med økonomi at gøre. Særligt fordi en oplevelse af økonomisk usikkerhed spiller sammen med den oplevede hjemløshed. Ja, hjemløsheden, den hastige forandring af tilværelsens kendte landskaber, har en tydelig økonomisk dimension. Det er fabrikker, der lukker eller flytter til tredjeverdenslande. Fabrikker, der ikke bare har været arbejdspladser, som har haft et pekuniært forhold til sine ansatte, men som også har været dybt forpligtet socialt og kulturelt på deres lokalområder. De efterlader hele områder som post-industrielle ødemarker.

Områder er nøgleordet her. Professor i økonomi ved London School of Economics Andres Rodriguez-Pose har peget på, at det ikke er ulighed mellem personer, som er den populistiske reaktions brændstof, men derimod ulighed mellem steder. Populismen er ikke så meget den glemte mands oprør, som den er de glemte steders hævn.[22]

Det er ikke overraskende. Der er få forhold, som vidner så tydeligt om, hvor splittet og opdelt vores samfund er på vej til at blive, end divergensen mellem den post-industrielle virkelighed i de buldrende metropoler og så i de gamle industriområder, de glemte områder. Vi kender modsætningen fra Danmark, hvor den udgør en væsentlig del af det problemkompleks, der ligger bag debatten om Udkantsdanmark. Men det er af historiske og erhvervsstrukturelle årsager så meget desto mere udtalt i lande som Storbritannien og Amerika – overalt er mønstret dog det samme.

Enkelte store metropoler bliver post-industrielle i den gode forstand. De bliver centre for en voksende kreativ klasse. De fleste arbejder inden for serviceerhverv og ofte i gode stillinger. Boligpriserne stiger. Man bliver velhavende bare ved at sidde og vente. Disse metropoler oplever en hastig gentrificering, hvor middelklassen og overklassen genindtager byen og dens offentlige rum. Tidligere nedslidte områder forvandles til voksenlegepladser

---

[22] https://voxeu.org/article/revenge-places-dont-matter

med musik, farver og latte i litervis. Når en skorsten lukker og væltes, bringer det smilet frem. Havnen bliver til dyre boliger. Man dyrker appelsiner i altankasser. Alle er slanke og veltrænede. Gamle mennesker dyrker yoga. Det nye liv i den nye verden er behageligt, sikkert og frem for alt rent. Det skorter ikke på selvtillid i metropolerne. Man opfatter sig som hele samfundets vækstmotorer. Siger gladelig "lad falde, hvad ikke kan stå" om de andres verden. De mest dristige i tanken forestiller sig en fremtid, hvor rige bystater udfordrer de gamle nationalstater.[23]

Over for dette står den post-industrielle virkelighed uden for de udvalgte vækstområder. Her var industrien i sin tid en genvej til ordnede økonomiske forhold for mennesker uden en lang videregående uddannelse. I dag kan mange glæde sig over, at det beskidte industriarbejde afløses af rene serviceerhverv.[24] Men det er værd at huske på, hvad industrisamfundet også betød. Det var en uhyre demokratisering af velstanden. Et godt job i industrien gav efterhånden ufaglærte mulighed for at leve et behagelig middelklasseliv. Det værste, der kunne ske, var, at ens børn skulle ende med at gå i ens fodspor og selv blive ufaglærte i industrien – og det gik jo nok endda. Så meget, at de gode industrijobs faktisk gik i arv fra fader til søn i Amerika. Men den mere udbredte forventning var, at børnene ville gentage den rejse, man selv havde været på, og at de ville leve et bedre, sikrere og mere behageligt liv end en selv. Man havde oplevet fremskridtet på egen krop, måske havde ens forældre os, ja måske endog deres. Forventningen var naturligt nok, at det ville fortsætte.

Det er denne verden, der ikke eksisterer længere, eller rettere selv i det omfang, at den gør, er den nu blevet præget af en dyb usikkerhed.

Store dele af arbejderklassen lever nu i en verden, hvor man forventer, at fabrikken lukker – hvis den da ikke allerede er lukket. Og det er ikke engang udflagning af arbejdspladser, der er

---

[23] https://www.weforum.org/agenda/2017/06/as-nation-states-falter-cities-are-stepping-up/

[24] https://www.the-american-interest.com/2017/08/30/end-working-class/

det store problem. Nej, det er teknologi. Mange spår, at den teknologiske udvikling inden for en årrække vil fjerne hvert tredje job – og ikke kun i industrien.[25] I 1960'erne var den mest almindelige stilling i de fleste amerikanske delstater sekretær. I dag er det kun læger, advokater og direktører, der har en sekretær. Teknologien har spist resten. I dag er den mest almindelige stilling chauffør. At køre bil er en vækstbranche, der selv er drevet frem af teknologien, nærmere bestemt internethandelens logistiske krav. Men den sikre og selvkørende bil findes allerede, for slet ikke at tale om Amazons droner. Ja, også chaufførerne vil blive spist af teknologien, uanset om de kører taxa, bus eller bringer pakker.

I de ramte områder er jobtabene ikke kun et problem for dem, der har mistet beskæftigelse. Selv dem, der egentlig har det okay økonomisk, står i den situation, at de kan se deres lokalsamfund smuldre omkring sig. Helt bogstaveligt: huller i vejene, butikker der lukker, øget kriminalitet, et totalt sammenbrud i familiestrukturen og den gensidige tillid – og senest en stofmisbrugsepidemi, der henter næring fra såvel normsammenbruddet, den overordnede pessimisme, globaliseringens muligheder for at fragte varer billigt over lange afstande og så den hypermoderne medicinalindustris uhyggelige spekulation i håbløshed. Gennemsnitsalderen for en mand i den hvide arbejderklasse i USA er faldet over de senere år.[26] For første gang i nyere tid.

Håbløshed er der nok af. De gamle industriområder oplever et hastigt forfald, dem, der kan, rejser. Dem, der bliver, er fanget i en ond spiral. Tidligere sprudlende hovedgader lukker ned og overtages af pantelånerbutikker, pushere og stofmisbrugere. Der fældes en tåre, hver gang endnu en skorsten slukkes og væltes. Man dyrker marihuana i altankasserne. Alle er fede eller afpillede. Ingen bliver rigtig gamle. Det nye liv i den postindustrielle ødemark er ubehageligt, usikkert og kort.

---

[25] http://borsen.dk/nyheder/avisen/artikel/11/74590/artikel.html

[26] https://www.brookings.edu/bpea-articles/mortality-and-morbidity-in-the-21st-century/

Nuvel, dette er et mørkt billede. Og det er ikke dækkende for den økonomiske tilstand i det hele taget. Både i USA og i det meste af Europa er vi ude af den recession, der accelererede den samfundsmæssige krise, vi her har set. Det er som et minimum nødvendigt at holde skellet mellem konjunkturfænomener og grundlæggende strukturelle forandringer for øje. Førstnævnte er krusninger på overfladen. Sidstnævnte er tektoniske skift, der afgør vores fremtid. En anden vigtig indvending er, at den historie om Amerikas pressede middelklasse, jeg har fortalt, og som har fået meget omtale også i danske medier, ikke er hele historien.[27] Godt nok er middelklassen presset, fordi dens lønninger er stagneret og dens jobs i fare. Det er også faktum, at den amerikanske middelklasse er skrumpet betragteligt. I 1971 udgjorde den brede middelklasse 61 procent af befolkningen. I dag er det kun 50 procent.[28] Men selvom det af forskellige årsager er et problem, er det alligevel værd at bemærke, at den primære årsag til, at middelklassen er skrumpet, er, at en mængde husstande er blevet så rige, at de er røget ud af middelklassen.[29] Alt det er værd at nævne, fordi det har at gøre med det spørgsmål, vi er på vej hen imod, nemlig om det samfund, vi kender – liberalt demokrati plus kapitalisme groft sagt – er værd at bevare, eller om det er revnet i fundamentet.

På den anden side, mens det ovenfor anførte er entydigt positivt, så må man huske på, at det ikke rigtig ændrer noget for de 50 procent, som fortsat befinder sig i middelklassen. Og det ændrer endnu mindre for de omkring 9 procent, der befinder sig i den lavere middelklasse. For dem er usikkerhed stadig dagens orden. Og det er dem, der har bragt Trump til magten.

---

[27] https://www.b.dk/globalt/amerikanerne-har-mistet-middelklassen

[28] http://www.pewsocialtrends.org/2015/12/09/the-american-middle-class-is-losing-ground/

[29] http://www.aei.org/publication/yes-the-us-middle-class-is-shrinking-but-its-because-americans-are-moving-up-and-no-americans-are-not-struggling-to-afford-a-home/

Det er ikke fattigdom, der fik vælgere til at stemme på Trump. Det samme gælder i øvrigt i Europa. Det er ikke fattigdom, der ved folketingsvalget fik hele Sønderjylland til at gøre Dansk Folkeparti til egnens største borgerlige parti. Det er kort sagt ikke de fattigste vælgere, der stemmer på de såkaldt populistiske partier. Ofte stemmer de faktisk slet ikke, og i det omfang, de gør det, stemmer de på den venstrefløj, som er den bedste garant for at sikre gavmild arbejdsfri indtægt. Nej, de, der stemmer på de populistiske partier, er dem, der føler økonomisk og kulturel usikkerhed i form af en *rationelt* betinget uvished om, hvad fremtiden vil bringe.

Jo mørkere det tegner sig i horisonten, des længere vil vælgerne gå for at adressere problemet. Trump er kun på posør-niveau en stærk mand, men han vandt, fordi han signalerede en styrke, der ikke ville lade sig begrænse af regler og institutioner. For en del Trump-vælgere og for Trumps støtter blandt højre-intellektuelle var præsidentvalget i 2016 sidste udkald, et "Flight 93 Election", som den konservative skribent Mike Anton skrev i essayet af samme navn:

> *2016 is the Flight 93 election: charge the cockpit or you die. You may die anyway. You—or the leader of your party—may make it into the cockpit and not know how to fly or land the plane. There are no guarantees. Except one: if you don't try, death is certain. To compound the metaphor: a Hillary Clinton presidency is Russian Roulette with a semi-auto. With Trump, at least you can spin the cylinder and take your chances.*[30]

Eliten er vores problem

Mike Antons politiske nihilisme, forestillingen om, at vi er så langt ude, at kun den stærke mand, der er villig til at gøre alt, er farlig. Dens fundament er en afsky for de regler og institutioner, der normerer det politiske liv, og som er historiens – dvs. tidens ophobede erfarings – arv til det vesterlandske menneske. Men

---

[30] http://www.claremont.org/crb/basicpage/the-flight-93-election/

den politiske desperation er et faktum. Talrige er de, der sukker efter en Gracher-broder, en Marius eller en Cæsar. Den konstaterbare faldende tiltro til det liberale demokratis konstituerende institutioner skyldes en helt reel oplevelse af, at de vitterligt ikke slår til, fordi "det bestående" ikke har formået at håndtere vor tids politiske krise og måske endda har forværret den. Selvom den globale elite i høj grad nyder godt af den institutionelle status quo, har selvsamme elite sat sig ud over behovet for at høre til et særligt sted – i hvert fald i egen selvforståelse. Elitemennesket kender ikke til stedbundethed, kun til personlige relationer og netværk, der ideelt set krydser landegrænser. Elitemennesket er imidlertid ikke hjemløst – igen ikke i egen selvforståelse – men har et ideal om at have hjemme alle steder, eller i hvert fald kunne have hjemme alle steder.

Der er en vis ironi i, at den selvsamme status quo, som elitemennesket lever på, undergraves af elitemenneskets idealer, fordi de støder på en virkelighed, hvor mange mennesker føler tilknytning til ét sted. I det sammenstød bliver stedbundetheden afskrevet som et overstået stadie. De stedbundne hånes for deres begrænsede horisont – og ja, deres "sted" fratages dem. For elitemenneskets påstand er netop, at intet menneske hører til ét sted, og derfor må et sted være åbent for alle mennesker, alle idéer og alle fortællinger.[31]

Det er mægtige økonomiske og kulturelle kræfter, der driver hjemløsheden frem som politisk faktor, men det er vores eliter, der har ophøjet fraværet af substantielle tilhørsforhold til et ideal til efterstræbelse. Det er eliterne, der råber, at det brænder. Men det er også dem, der hælder benzin på bålet.

---

[31] For denne modstilling af "somewhere"- og "anywhere"-segmentet og dens betydning for populismen, se David Goodhart: *The Road to Somewhere: The Populist Revolt and the Future of Politics*, London, 2017.

Det liberale demokratis krise på verdensplan

Vi er forbi det punkt, hvor vi kan tale om det liberale demokratis krise som noget, der truer i horisonten. Krisen er et faktum. Vi står midt i den.

I en nylig rapport fra Freedom House blev det konstateret, at demokratiet står i sin værste krise i årtier i takt med, at dets grundlæggende elementer er blevet draget i tvivl på verdensplan. Den førnævnte udvikling i USA spiller en vis rolle her, fordi USA traditionelt har været et fyrtårn for den demokratiske verden. Den frie verdens leder. Tilbageskridtet i USA er dog først og fremmest symbolsk. Ifølge rapporten kan USA ikke længere betegnes som forkæmper for og eksempel på et velfungerende demokrati, fordi det har bevæget sig i en negativ retning – her er der især lagt (måske for meget) vægt på det anstrengte forhold mellem den udøvende magt og pressen.

Lad os i stedet blive ved det mere håndgribelige: På verdensplan registrerer Freedom House tilbagegang for basale demokratiske rettigheder i 71 lande, mod fremskridt i 35. Der er med andre ord overtræk på kontoen. Når det er alvorligt, skyldes det dog, at denne tilbagegang ikke er ny. Det er faktisk gået tilbage siden 2006. Vi befinder os tolv år inde i en demokratisk recession.

Og I virkeligheden står det værre til, end rapporten antyder. For ét er jo, om der konkret kan registreres institutionelt forfald. Noget andet er, at dette forfald jo i virkeligheden er et sent og markant udtryk for noget dybere, nemlig en svigtende folkelig tiltro til og aktiv deltagelse i demokratiet. En nylig undersøgelse har vist, at særligt de unge er begyndt at miste troen på demokratiet – selv i liberaldemokratiske kernelande. De unge har større accept af militærstyre, mindre tiltro til borgerrettigheder og et lavere niveau af deltagelse i demokratiet end ældre.[32] En anden undersøgelse har vist, at 70 procent af Trumps kernevælgere ønsker

---

[32] https://qz.com/848031/harvard-research-suggests-that-an-entire-global-generation-has-lost-faith-in-democracy/

en autoritær leder, der vil bøje reglerne for at gennemføre sin politik.[33] Hvorfor? Ja, fordi de opfatter den institutionelle status quo *ikke* som noget, der skaber sikkerhed i deres tilværelse, men noget, der underminerer denne sikkerhed.

Når det er værd at pointere, skyldes det, at det med al ønskelig klarhed kan konstateres, at vores tids centrale politiske strid – striden om de politiske svar på globaliseringen – truer med at bevæge sig fra det legitime politiske spørgsmål, om hvordan vi politisk skal håndtere udviklingen, f.eks. hvad vi skal stille op med masseindvandring, uddannelse, den lavere middelklasses erosion, normsammenbrud osv., over til det langt mere radikale spørgsmål: "Hvilket politisk system skal vi have for at håndtere globaliseringen?" Er vi på vej derhen, hvor det liberale demokrati opfattes som motor for forfaldet og som en del af problemet? Dette var jo netop opfattelsen sidst, vi havde en slagkraftig demokratikritik på højrefløjen. Ja, det er for tidligt at sige, hvor vi ender. Men vi står ved den spæde begyndelse til noget. Hvem ved, om vi tager flere skridt i den retning. Det er noget, vi afgør nu. Men at vi står der, hvor afgørelsen skal træffes, det er givet, og det må sætte fortegnet for enhver diskussion af vor tid.

Pyromantikerne kommer

Systemkritikken kommer fra både højre og venstre. Her skal vi interessere os for højrefløjens. Ikke for at negligere venstresidens problematiske politiske positioner, men fordi det andet slet og ret er tættere på hjem. Vi ved godt, hvor vi har venstrefløjen. Ansatserne til en antiliberal systemkritik på højrefløjen behøver vi ikke lede længe efter. Vi ser den, når konservative stemmer giver udtryk for slet skjult diktatormisundelse, eller for nu at udtrykke det mindre polemisk: den apologetiske tendens, man kan opleve på

---

[33] Robert P. Jones, Betsy Cooper, Daniel Cox, E.J. Dionne Jr., William A. Galston, and Rachel Lienesch: *How Immigration and Concerns about Cultural Change Are Shaping the 2016 Election: PRRI/Brookings Survey*. PRRI. 2016, kap. IV. Leadership in a Time of Anxiety. https://www.prri.org/research/prri-brookings-poll-immigration-economy-trade-terrorism-presidential-race/

højrefløjen, når talen falder på autoritære statsledere i vores midte, f.eks. i Polen og Ungarn. Ja, man skal ikke opholde sig længe ude i den kompakte Facebook-offentlighed, før man sander, at vejen fra at forklare til at forsvare er bekymrende kort. Vi finder den også, når vi oplever konservative udtrykke forståelse for Vestens geopolitiske modstandere og deres handlinger, mens de retter en anklagende finger mod Vestens ageren. I denne optik bliver eksempelvis Rusland reduceret til en rent reaktiv størrelse, der kun optræder defensivt i forhold til et mere eller mindre åbenlyst imperialistisk Vesten. Samtidig ser vi – om ikke andet så i det små – en mainstreaming af en højreradikal systemkritik gennem fænomener som "alt right" i USA og den identitære bevægelse i Europa.

Det er svært at sige noget præcist om, hvor udbredt fænomenet er, for det er notorisk svært at kvantificere. Men ingen kan være i tvivl om, at der findes en type konservativ, der, når han kigger på Vesten, ikke ser andet end forfald. Ingen kan være i tvivl om, at der findes en type konservativ, der er nået så vidt i sin kulturelle fortvivlelse, at han ikke længere møder dette universelle forfald med frygt og ængstelse, men derimod i råddenskaben aner muligheden for sammenbrud og i sammenbruddet mærker muligheden for gennembruddet af noget radikalt nyt og anderledes. Ja, sammenbruddet, opgøret og genfødslen bliver her såvel mulighed som nødvendighed. Dette er den klassiske bevægelse fra dyb pessimisme gennem sort nihilisme til himmelstormende optimisme. Det er grundlæggende en art utopisme, der egentlig er konservatismen fremmed, men som alligevel knopskyder af den, hvor jordbunden er særlig gunstig – eller man skulle måske sige ugunstig.

Ja, der findes dem blandt os, der tilbeder ilden. Og de har gode tider. For flammerne er så småt i gang med at gøre deres. De har måske alt mulig årsag til i særlig grad at føle sig i pagt med tiden og afskrive os andre som museale. Således har jo i øvrigt altid utopismen forholdt sig til den konservative.

Dog, når alt kommer til alt, er det en afart af romantisk pyromani at tro, at der kommer andet ud af flammerne end aske.

Er Vesten værd at forsvare?

Over for utopismen i vores midte og de intellektuelles benovelse over deres ords magt må sande konservative endnu engang gøre sig deres position klar. Og tiden kræver konservatisme. Ikke kun, fordi tidens centrifugalkræfter – for nu at vende tilbage til Fraenkel – river alt fra hinanden og ryster skruer og møtrikker ud af samfundets bærende konstruktioner, men også fordi højreradikalismens genkomst som en intellektuelt artikuleret position gør det påtrængende for konservative at gøre det klart, hvor de står i forhold til den radikale systemkritik og det utopiske højre.

Når det kan være vanskeligt, skyldes det vel, at vi just har været igennem en tid, hvor opgaven var en anden, nemlig at genhævde konservatismen som en genuin politisk position, som ikke blot talte tiden efter munden og sjoskede efter ethvert tilfældigt fremskridt eller satte en ære i at være opportunistisk, ubundet af principper og gennemgående ledløs. Det er i øvrigt stadig opgaven. Konservatismen kan ikke være et kritisk korrektiv, hvis den er sat.

Vores tids alvor har aktualiseret konservatismes latente afvisning af nemme løsninger, radikalisme og genfødselsfantasier – også på højrefløjen. *Vi* ser ikke frem til den borgerlige ordens sammenbrud og glæder os ikke til den tid, hvor livet vil kræve, at vores inderste og dybeste kræfter kaldes frem i kampen. Nej, vi frygter den tid og vil gøre alt, hvad vi kan for, at den aldrig kommer. *Vi* er grundlæggende taknemmelige for det bygningsværk, vi har overtaget. Det kan være, der skal sløjfes en udestue, der passer dårligt ind i stilen, og det kan også være, at vi vil forsyne hoveddøren med en lås, men vi er ikke fremmede for vores arv. Hvor *de* mener, at den bestående orden er svag og derfor må fejes væk, siger vi, at den er skrøbelig. Det er den, fordi den er et kunstprodukt. Kultur opstår ikke blot ved at forlænge og rendyrke menneskets natur, men derimod ved at lægge bånd på selvsamme natur, kultivere aben i mennesket. Det *er* skrøbeligt. Vi ved fra den store litteratur, og fra virkeligheden og fra troen, at mennesket altid må holdes på plads i sin såkaldte menneskelighed. Rovdyret skal lænkes, og krigeren skal disciplineres. Alt underlægges lov. Civilisationen er ikke en urskov, men en have, der skal plejes for ikke at gro til. Jo, det er skrøbeligt. Og fordi det er skrøbeligt, skal vi forsvare den. Skjoldvagten skal værne blomsterhaven, som en skribent engang udtrykte det her i bladet. Nej, vi længes ikke efter krigen, men vil tværtimod værne om freden – også med sværd.

Den borgerlige orden i vores samfund og det, vi internationalt kalder den liberale orden, er, når alt kommer til alt, det mest enestående, mennesket har skabt i historien. Den forventede levealder er steget drastisk og stiger fortsat globalt. Spædbørnsdødeligheden er faldet og falder fortsat drastisk globalt. Omkring år 1900 var det næsten 40 procent af alle børn, der døde, inden de blev fem. I dag er det lidt over 4. Hungersnød og underernæring er på hastigt tilbagetog. Selv naturkatastrofer, som vi i vores klimatider er meget forfærdede over, koster langt færre liv i dag end i begyndelsen af det 20. århundrede.

Verden er dramatisk mere fredelig, end den har været nogensinde i historisk tid. Én ting er, at krig mellem demokratiske stater slet ikke finder sted, noget andet og måske vigtigere er, at regulær krig mellem stater i det hele taget er blevet et ekstremt sjældent fænomen. De krige – typisk borgerkrige – som finder sted, har begrænsede tabstal. I tiden *efter* Anden Verdenskrig nærmede det årlige dødstal sig nemt 500.000 mand om året. Endnu i 70'erne og 80'erne lå den oftest over 200.000 om året. I begyndelsen af det nye årtusinde faldt den til under 25.000.[34] På trods af en senere stigning som følge af særligt borgerkrigen i Syrien er tendensen klar og entydig over tid. Ikke mindst hvis man over et længere historisk stræk ser på antallet af døde relativt til verdens befolkning. I det lys er selv det på mange måder katastrofale 20. århundrede et fredeligt et af slagsen.

---

[34] https://ourworldindata.org/wp-content/uploads/2013/06/our-worldindata_war-deaths-by-world-region.png, https://ourworldindata.org/wp-content/uploads/2013/06/ourworldindata_wars-after-1946-state-based-battle-death-rate-by-type.png

Vi er også rigere end nogensinde før. Og før den puritansk-romantiske kritik sætter ind, skal det hastigt tilføjes, at det jo ikke bare betyder, at vi kan forbruge mere (forbrug kan man jo sige meget skidt om), men langt væsentligere, at fattigdom er på retur på global plan. Begyndelsen af 1800-tallet var fattigdom vilkåret for næsten alle. Omkring 90 procent af verdens befolkning levede i ekstrem fattigdom. I dag er det under 10, og det falder stadig.[35]

Og skulle man nu finde på at sige, at det er ligegyldigt, at de laotiske risbønder har det bedre, når folk i Vesten har det svært, så må man svare, at det jo netop er i Vesten, at fattigdommen er blevet tidligst og mest eftertrykkeligt reduceret. Vi har i allerhøjeste grad nydt godt af udviklingen, og at andre trækkes op, forandrer ikke den situation i andet end positiv retning.

Også når det handler om økonomisk ulighed, ser det overraskende godt ud. Der er ganske vist stadig både uhyre rige og uhyre fattige i verden – der er under de sidste 30 års såkaldt neoliberale økonomiske regime kommet mange flere uhyre rige – og i flere lande også mere ulighed.[36] Men det overordnede billede er, at stadig flere rykker op i den globale middelklasse med alt, hvad det betyder af økonomisk og kulturel sikkerhed og almindelig tilfredshed med tilværelsen.[37] Det er måske sandt, at man ikke bliver lykkelig af at være rig. Men det er også sandt, at man bliver ulykkelig af at være fattig. Velstand er ikke tilværelsens mål eller målestok, men den afspejler sig altså i livskvalitet.[38]

Og hvorfra kommer så al den velstand? Ja, den kommer naturligvis i høj grad fra den globale samhandel, det vi også kalder

[35] https://ourworldindata.org/wp-content/uploads/2013/05/World-Poverty-Since-1820.png

[36] Men i andre er den fortsat faldende: https://ourworldindata.org/wp-content/uploads/2013/12/Top-Incomes.png

[37] Global indkomstdistribution: https://ourworldindata.org/wp-content/uploads/2013/12/Global-inequality-in-1800-1975-and-2015.png;

[38] https://ourworldindata.org/wp-content/uploads/2017/04/Happiness-across-income-distribution.png

globaliseringen. I den afgrænsede, men samtidigt uhyre afgørende forstand, er globaliseringen en succeshistorie.[39]

Ja, selv når vi taler om demokratiet, hvis krise vi har konstateret, er den store fortælling en om succes. Selvom demokratiet aktuelt befinder sig i en recession, er historien om demokratiet de sidste 200 år stadig fortællingen om, hvordan denne styreform faktisk har skubbet så godt som alle alternativer af banen – indtil nu i hvert fald. Selv autoritære regimer gør, hvad de kan for at ligne demokratier. De afholder valg, har en slags partier og en art parlament. Francis Fukuyama havde for så vidt ret, da han skrev *End of history*. Og der er kommet flere demokratier til, siden han udgav bogen i 1992.[40] Skal man anlægge et optimistisk perspektiv, kan man pege på, at demokratiets aktuelle recession næsten ikke lader sig se i en fremstilling af demokratiernes antal i det lange perspektiv.

Verden er rigere, mere lige, sundere, mere stabil, sikrere og faktisk også mere lykkelig end nogensinde. Det er ikke uden grund, at skikkelser som Steven Pinker og afdøde Hans Rosling har kunnet skrive bøger om, hvor strålende alting er.

Jeg fremhæver ikke alt dette for at affeje den bekymring og de faresignaler, jeg har optegnet i denne artikel. Jeg nævner det her, fordi vi har brug for at minde os selv om, at vores politiske og økonomiske orden er et mirakel, et overlegent system, der sætter alt andet i skyggen og fungerer bedre end alt, hvad vi nogensinde har prøvet og tænkt alle steder og til alle tider.

Men denne orden er skrøbelig. Vi skal vare os for den fejlslutning, man kan møde hos f.eks. Hans Rosling og en del liberale globalister, nemlig at alt er godt og derfor bare vil blive bedre. Sandheden er, at uanset hvordan udviklingen har været indtil nu,

---

[39] Værdien af den globale eksport over tid: https://ourworldin-data.org/grapher/world-trade-exports-constant-prices
Sammenhængen mellem handel og BNP-vækst: https://ourworldin-data.org/wp-content/uploads/2016/09/TradeGrowth_Ventura2006.png

[40] https://ourworldindata.org/democracy

er det et faktum, at Vesten er dybt splittet, at vores magt på verdensplan er på retur, at vores politiske idealer er i recession, at masseindvandringen er et socialt eksperiment uden lige, og at vi helt grundlæggende mangler svar på centrale kulturelle og økonomiske spørgsmål. Og noget andet er, at optimisterne helt har tabt det menneskelige perspektiv i deres måde at tænke historie. For mennesker lever ikke deres liv over en periode på tusind eller tohundrede år. Det kan godt være, at det hele ender godt, men det kommer *vi* ikke til at opleve. Vi er bastet og bundet til at leve i vores tid, og vores egen lille tilværelse kan væltes og knuses af det mest ubetydelige verdenshistoriske konjunkturfænomen. Det lange historiske perspektiv udsletter den menneskelige faktor og glemmer, at ting, der under evighedens synsvinkel blot er kurrer på tråden, kan være altødelæggende for de mennesker, der oplever dem. Sagt på en anden måde: Holocaust og Verdenskrigene bliver ikke mindre katastrofer af, at verden over de sidste 200 år er blevet både rigere og friere. Historien er risikabel. Vesten er skrøbelig. Vi kan ikke indløse den verdenshistoriske fredsdividende og slå benene op.

Behovet for kulturkritik

Konservatismen er blevet kaldt "partiet i midten" af journalisten og redaktøren Anders Vigen. Det er en gammel tanke, og måske også en træt tanke, som er blevet undskyldning for megen leddeløshed. Men forstået ret er det i en tid plaget af yderligheder en tanke, det kan være nødvendig at tage op, støve af og revidere. Konservatives opgave i dag er at formulere det, som historikeren Arthur Schlesinger jr. i 1949 kaldte "en politik for det vitale centrum". Han mente ikke – i hvert fald ikke i 1949 – noget i retning af Det radikale Venstre, men pegede inspireret af teologen Reinhold Niebuhr på en levedygtig eller måske ligefrem livsduelig midte, som ville rejse sig i et forsvar for vestlig civilisation. Schlesinger stod selv i en krisetid, ja, midt i en usikkerhed, som sætter vores egen i skyggen, og han indledte sin indflydelsesrige bog *The vital Center* med konstateringen:

Vi ser på vores epoke som en tid præget af dybe problemer, æng-
stelsens tidsalder. Grunden under vores civilisation, under vores
vished, bryder op under vores fødder, kendte idéer og institutioner
forsvinder som vi griber efter dem, som skygger i det tiltagende
tusmørke.[41]

Det var denne ængstelse, hvis allermest konkret udtryk var den
verdensomspændende ideologiske borgerkrig mellem kommu-
nismen og den frie verden, der var det egentlige tema for bogen.
Da Schlesinger skrev sin bog, var den kolde krig kun i sin vorden
og kommunisme a la Sovjet var – ikke mindst i intellektuelle
cirkler – et oplagt svar på tidens krise. Kommunisterne infiltre-
rede universiteter og offentlige institutioner og selv det ameri-
kanske udenrigsministerium. Få år senere gav de anledning til,
hvad en bedrevidende eftertid har kaldt kommunistforskræk-
kelse. I udgangspunktet var det dog ikke forskrækkelse, men et
resolut og nødvendigt forsvar for det frie samfund og dets insti-
tutioner, en erkendelse af, at det ikke længere gik at lade stå til.
Det var demokraten Schlesinger – der senere blev rådgiver for
Kennedy – som formulerede det ideologiske grundlag for denne
liberaldemokratiske selvbesindelse ikke blot som et svar på den
konkrete udfordring fra kommunismen, men som et svar på selve
den underliggende ængstelse, der gjorde kommunismen til et at-
tråværdigt alternativ til den borgerlige orden.

Opgaven var at skabe et vitalt centrum i det politiske og
kulturelle liv. Fjenden var den ydre. Men kampen var den indre.

Det var ikke status-quo-isme, men et militant forsvar for de
bærende institutioner og værdier. Men det var mere end det. Bag
forsvaret måtte lægge en dyb analyse af problemernes rod. Kul-
turkritikken gik forud for forsvaret. For at forsvare det frie sam-
fund måtte man forstå, hvorfor det i manges øjne havde fejlet, og

---

[41] Arthur Schlesinger jr.: *The Vital Center – The politics of freedom*, New
Brunswick, 1998, s. 1

hvorfor en ny kurs mellem gammelliberalistisk højrekonserva-
tive og kommunismeforherligende venstreorienterede var nød-
vendig.

Det frie samfund vil kun kunne overleve, hvis vi vil sætte
livet ind for det. Civilisationer, der ikke vil befæste voldene, er
dømt til ødelæggelse af barbarerne, skrev Schlesinger og under-
stregede på en gang værdien og nødvendigheden af at forsvare
den liberaldemokratiske orden, og hvorfor det var så vanskeligt.[42]
Demokratiets styrke er dets sans for individets betydning, dets
svaghed er, at selvsamme individualisme igen og igen forstener,
bliver abstrakt og modsiger det fundamentale krav, nemlig at vi
skal være villige til at sætte os selv til i forsvaret for demokratiet.

Hvad betyder det for konservatismens opgave? Hvis vi
overhovedet har nogen sans for, hvor vi er kommet fra, og hvor
unik og privilegeret vores situation er, ja, at vores civilisatoriske
orden er en verdenshistorisk undtagelsessituation, så må enhver
meningsfuld konservatisme have forsvaret af denne civilisatori-
ske orden som sit fortegn. Der er ikke plads til fantasier om at
skrotte det hele og håbe på, at noget bedre vokser frem. Det går
ikke an at afskrive den hårdt tilkæmpede bestående orden som i
sig selv radikal eller stridende mod menneskets natur. Dette er i
sig selv en intellektuel fejlslutning, vi er stødt på talløse gange
siden Rousseau viste verden, hvordan en moderne intellektuel så
ud. Edmund Burke havde gennemskuet både Rousseau og de nye
intellektuelles 'gemytbestemte tilbøjelighed til at sønderrive alt',
og han advarede mod følgerne lige så tydeligt, som han afslørede
intellektualismens tomhed:

> Raseri og fanatisme kan på en halv time nedrive mere, end klog-
> skab, betænksomhed og forudseenhed kan opbygge på hundrede
> år. Gamle institutioners fejl og mangler er synlige og håndgribe-
> lige. Det kræver kun ringe dygtighed at udpege dem... At gøre alt
> til det modsatte af, hvad det var, er akkurat lige så let som at øde-

---

[42] Ibid. s, 245

lægge. Man finder ingen vanskelighed ved det, som aldrig har væ-
ret prøvet. Kritikken er næsten slået af marken, når den skal af-
sløre manglerne ved noget, som aldrig har existeret, og det begej-
strede sværmeri og bedrageriske håb behersker fantasiens vide
mark, hvor den kan brede sig med ringe eller slet ingen mod-
stand.[43]

Det radikale højre er ligesom det radikale venstre intellektuelt overstyret, men de intellektuelle fantasier er ikke vores samfunds ledestjerne. At forklare den iboende værdi i vores institutionelle orden kan være vanskelig, for det handler om at gøre det usynlige og alt det, der tages for givet, synligt og håndgribeligt. Det er, som Burke bemærkede, vanskeligt at konkurrere med det begejstrede sværmeri. Og dem, der lever i idéernes verden og afskriver den virkelighed, som nu engang er som falden, er det ikke muligt at overbevise. De lader sig ikke ægte virkeligheden, for de er med hele deres væsen indstillet på at blive forført af tanken. I den udmærkede antologi *Intellektuelle og det totalitære – Pervertert Idealisme* om, hvorfor såvel højre- som venstreintellektuelle så tit lader sig forføre af det totalitære, skriver historikeren Øysteins Sørensen:

> *Intellektuelle menneskers virksomhet dreier seg om ideer. Mange*
> *av dem tenker store ideer, om frigjøring, fred, rettferdighet og*
> *lykke. Mye annet også. De kan lett bli fanget inn av disse ideene.*
> *De kan bli overbevist om at de har funnet storslåtte løsninger. De*
> *vil antagelig være overbevist om at de vil det gode. Ikke minst vil*
> *de ganske sikkert være overbevist om at de vet bedre enn andre.*
> *Da holder de fast på sine storslåtte ideer. Og før de vet ordet av*
> *det, kan de risikere å ikke bare bli fanger af ideer, men fanger av*
> *historien.*[44]

---

[43] Burke s. 166f

[44] Øystein Sørensen, Bernt Hagtvet, Nik. Brandal: *Intellektuelle og det totali-*
tære – pervertert idealisme, Oslo, 2014, s. 14f

Der er en fare forbundet med at leve i idéernes verden. Det bedste er som bekendt det godes værste fjende. Og bliver man stående ved det, der blot skal tænkes, er vejen til radikalisme kort. Men den konservative, eller radikalkonservative, kritik af det moderne samfund har naturligvis en pointe. For den selvsamme radikalisme og intellektualisme, som jeg her har kritiseret, sidder jo dybt fæstnet i moderne politisk kultur. Derfor må man som konservativ også vare sig for blind status-quo-isme. Det er ikke nok at adressere vor tids problemer med en sang om, at vi skal gøre det samme, som vi plejer, bare lidt bedre, sådan som f.eks. Per Stig Møller synes at lægge op til i *De fire isbjerge*.

Konservatismen handler netop om det dobbelte: både at erkende forudsætningerne for orden i det hele taget og forstå, hvordan de kommer til udtryk i den bestående orden. Derfor handler konservatismen også om at forstå, hvordan det modsatte, anomien, lever inden for rammerne af den bestående orden.

Konservatismen bygger på en bekymring. I modsætning til liberalismens deterministiske optimister forstår vi, at denne orden er skrøbelig. Forfaldet bliver tydeligt, så snart vi løfter en sten og ser larver og bænkebidere forlyste sig i kødet. Historien er ikke et jubeltog, men en risikabel proces, hvor selv det mest strålende fremskridt bærer undergangen i sit skød. Forsvaret for vores civilisatoriske orden er ikke afmonteringen af den konservative modernitets- og kulturkritik, men derimod dens præcisering. Konservatisme står altid i et spændingsforhold til det moderne. Kernen i den vestlige modernitet truer til enhver tid med at underløbe menneskers velfærd og blomstring. Der skal ikke meget til, før selv de bedste dyder løber amok og bliver laster. Individets autonomi er en uvurderlig skat. Frihed er en del af det konservative vokabularium. Men frihed truer altid med at flyde ud i relativisme og nihilisme. Individualismen bryder kun alt for let sammen under sin egen vægt. Alt det forstår den konservative, og han forstår – i modsætning til pyromantikerne – at vi må forsvare vores verden og virkelighed. Forholdet mellem det radikale højre og konservatismen er som forholdet mellem pyromaner og brandmænd. Dér hvor vi er enige, er, at ting kan brænde.

Og nu brænder ting overalt omkring os. Vi står meget tænkeligt over for et tidehverv. Så hvad skal vi gøre?

Tilbage i 1930 beskrev Arnold Fraenkel konservatismens udfordring med et citat fra Goethe "På sygelejet kaster mennesket sig fra side til side, for derved at komme til at ligge bedre." Billedet er tydeligt: Den febersyge patient, der roder rundt i sengen og snart ramler hovedet ind i væggen, snart triller ned på gulvet. Idel pine og smerte.

Konservatismens opgave er, fortæller Fraenkel, at forhindre, at udsvingene i hver retning – altså individualistisk og kollektivistisk – aldrig bliver for store. Sagt på en anden måde: Konservatismens opgave er at sikre stabilitet i den historiske dialektiks anomi, søge sikkerhed og orden eller slet og ret holde statsskibet oven vande, mens stormen raser.

I Fraenkels tid betød det at værne om middelstandens individualisme, for Fraenkel frygtede, at middelklassen var ved at blive udslettet af enten socialisme eller storindustrien. I horisonten truede, ifølge Fraenkel, enten en fremtid, hvor al magt og ejendom var samlet i statens hænder, eller en, hvor al magt var samlet hos stadig større virksomheder, der ville optræde som moderne feudalherrer. I begge tilfælde ville der være sat en stopper for det enkelte menneskes opdrift. Alternativt ville vejen til socialisme gå over senkapitalismens feudalisme. Den moderne stordrift ville tømme middelklassen for sin individualisme og forvandle dem til arbejdere med arbejdermentalitet. Uanset hvad afhang det borgerlige samfunds overlevelse af alliancen mellem overklasse og middelstand. Fraenkels budskab som konservativ var grundlæggende en opsang til sin tids eliter.

Vor tids krise består i, at dette bånd, hvis betydning Fraenkel forstod, er blevet svagere. Hvis det da ikke ligefrem er blevet kappet? Man kan i mørke stunder frygte, at vi med museskridt bevæger os mod den situation, som såvel Karl Marx som Arnold Fraenkel opfattede som den før-revolutionære: nemlig den hvor samfundet var opdelt i to af hinanden helt adskilte klasser. Fraenkel talte som Marx om borgerskab og proletariat. I dag taler vi om elite og folk. Stregen trækkes anderledes i detaljen. Det antagonistiske potentiale er det samme.

Siden Fraenkels tid har den konservative mainstream set det som sin opgave at værne om individualismen og den individuelle opdrift. Det er stadig vigtigt. Men vi står et andet sted. Individualisme har altid været et aristokratisk karaktertræk, og det er netop vor tids aristokrater, der har muligheden for at leve et lykkeligt liv i ubegrænset individualitet. Når idealet siver ned til den jævne befolkning, bliver individualismen til anomi, ødelagte familiestrukturer, kriminalitet, asocialitet, hedonisme og stofmisbrug. Det bliver pinligt klart, at der var en årsag til, at vi indtil for nylig søgte at hegne autonomien ind i nomos.

Fraenkels front gik et andet sted, så han havde ikke blik for, hvor skadelig autonomi uden myndighed ville være. Han talte om den individualistiske opdrift. I dag ved vi, at man også kan tale om en individualistisk neddrift. Vores problem er ikke for lidt frihed. Idéhistorikeren Patrick Deneen har i *Why liberalism failed* forsøgt at analysere den nuværende krise i dybden og peger på, at liberalismens – eller bredere den borgerlige og liberale ordens – krise ikke så meget skyldes noget udefrakommende, men udspringer af liberalismen selv. Der er jo ingen bredt accepterede alternativer til liberalismen, som får den til at fremstå mangelfuld. Tværtimod er de fejet af banen. Men tvivlen om liberalismen består. Ikke fordi den begrænses af noget ydre, men netop fordi den ikke begrænses, fordi den netop er blevet realiseret til fulde: liberalismens ideal om det autonome individ er endt i en kultur, der i ordets egentligste forstand er idiotisk – som krænger individerne ind i sig selv, hvor de er overladt til deres ensomheds sorte spejl.

Den amerikanske journalist Sam Quinones' tankevækkende bog om det rasende heroin- og pillemisbrug, der, mens vi taler, har nået epidemisk karakter, har beskrevet heroinen som det perfekte billede på vores tids dybere patologi, den grassate individualisme. Han skriver "Heroin er det endegyldige udtryk af de værdier, vi har fostret i 35 år. Det forvandler hver enkelt misbruger til en narcissistisk, selvoptaget og enlig hyper-forbruger."[45] Den langsomme selvvalgte tæringsdød er vor tids inderste ideal. Det kan ikke være overraskende, for det var netop, hvad Fukuyama i sin tid spåede. Det er sådan her, det ser ud ved historiens endestation.

Nej, vores problem i dag er ikke for lidt frihed og for lidt individualisme, men at bægeret er fyldt. Og derfor må også konservatismens opgave blive en anden. Den må blive et korrektiv til vores tid, et ideologisk udtryk for en dyb skepsis mod individualismen og derfor i sidste ende et forsvar for en individualisme, der ellers ville fortære sig selv på samme måde, som den ultimative individualist – junkien – selvvalgt og i den samtidige udlevelse og opgivelse af sin autonomi fortærer sig selv.

Det er den indre udhuling, der får riger til at falde.

Derfor har den liberale orden brug for konservatisme. Og konservatismen har brug for at forblive tro mod sin opgave som vogter af en vestlig frimandstradition. Vores tid har ikke brug for profetier og tungetale, men et klart blik og en sikker hånd.

Christian Egander Skov (f. 1985) er ph.d. i historie fra Aarhus Universitet med speciale i moderne konservatisme. Han arbejder som postdoktor ved NTNU i Trondhjem og er forfatter til bogen Konservatisme i mellemkrigstiden. *Han er desuden redaktør ved Årsskriftet Critique.*

---

[45] Sam Quinones: *Dream land – The true tale of America's opiate Epidemic,* New York, 2016

VEJEN TIL EUROPA

EN USAMTIDIG KORTLÆGNING
AF ET ENDNU UNGT ÅRHUNDREDE

AF CAND.MAG. JOHAN C. NORD

Se Nordenvindens Jagen
bevæger Sommerdagen.
Den bringer sløve Drømme
til Køerne, som tygger;
den svømmer gennem Rugen
som Aander, der har Skygger.
I Danmarks lyse Bolig
er Dagens Sjæl urolig.

Det flimrer under Øen
af Solen over Søen
en blegnet Ild, som Dybet
snart blotter og snart dølger,
som døde Luers Genfærd
i Dans paa Jordens Bølger.
I Danmarks lyse Bolig
er Dagens Sjæl urolig.

Af Solen Marken brændes,
og Agerkaalen tændes.
De gule Blomster nejer
sig under Vindens Færden,
som de i Søvne mindes
en gammel, salig Verden.
I Danmarks lyse Bolig
er Dagens Sjæl urolig.

Jeg siger tak for indbydelsen til at tale her til formiddag.[1] Det er en stor glæde for mig – endnu en gang – at holde foredrag her ved Studenterkredsens sommermøde. Da jeg for fire år siden foredrog for første gang her ved sommermødet, omtalte en – kærligt kredsfrisindet – meningsmodstander det fremførte som "nationalkonservativ standup". Den vurdering var jeg ganske godt tilfreds med, og også denne gang skal jeg gøre, hvad jeg kan for at leve op til den. Dog bemærkes det allerede her fra de tidlige åndedrag, at ordet 'nationalkonservativ' måske kan vise sig at være for snævert til beskrivelse af dét, der vil blive sagt. Det vil *vise* sig.

Se, vi begyndte jo med at synge den kosmiske vestjyde Thøger Larsens mindre kendte, men ret så inciterende sommersang *Se Nordenvindens Jagen*. Det gjorde vi, fordi Larsens lyrik på sin egen sære måde kan bringes til at rime på dét, jeg vil sige i dag, og – ikke mindst – fordi hver af sangens tre strofer afsluttes med de samme dunkellyse linjer, som jeg ikke véd, hvad betyder og derfor føler mig vældig draget af – *I Danmarks lyse bolig er dagens sjæl urolig.* Jeg aner ikke, hvad de ord betyder. Men jeg kan li' dem. Der er noget *sitrende* i dette, at det er *dagens* sjæl, der er urolig. Det er et udmærket anslag til det stykke, jeg nu vil spille for jer.

Foredragets titel er *Vejen til Europa – usamtidig kortlægning af et endnu ungt århundrede.* Meningen er at tale om noget af dét, som almindelige dødelige ikke aner særlig mange klap om – nemlig om det endnu uskete, om den tid, der først er ved at blive vævet af de tre skæbnekyndige kvinder under Yggdrasils rod; altså om *fremtiden*, og om, hvad denne fremtid mon kan komme til at betyde for os og vores Europa. I løbet af foredraget vil jeg betjene mig af den velkendte og højt elskede Hugin og Munin-metode,

---

[1] Følgende er den skriftlige udgave af mit foredrag ved den grundtvigske ungdomsforening *Studenterkredsens* sommermøde 2018, hvor man mødtes under temaet *Europa*. Som det første inden foredraget blev der sunget, og jeg har derfor ladet denne skriftlige udgave blive indledt med de ord, vi sang – nemlig Thøger Larsens *Nordenvinden*, nr. 322 i Højskolesangbogens 18. udgave.

hvor der flakses frit og – ikke mindst – uhindret frem og tilbage mellem det forgangne og det forjættede. Eller sagt på en anden måde: Min fortælling vil blive temmelig flagrende og – kan det yderligere tilføjes – på flere måder ret så udansk. Jeg kommer ikke til at sige særlig meget om andedammens åndshistorie, for – i det store billede, jeg vil forsøge at male – er den ikke det afgørende. Dog lover jeg to ting, og det er, at jeg vil slutte sådan cirka samme sted, som vi netop begyndte – nemlig ved sommersangeren Thøger Larsen –, og at jeg i hyggedanskhedens navn vil praktisere en såkaldt *gradvis eskalering*; altså, at jeg vil begynde ved det nære, velkendte og upåfaldende, derfra arbejde mig ind frem mod det mærkværdige og så til sidst at ende ved det fjerne, ukendte og decideret anstødelige. Så er det sagt. Nu til sagen – som i første omgang er et spørgsmål.

Mit spørgsmål, der jo altså nu også gerne skulle blive jeres spørgsmål, lyder som følger: Er det muligt, er det tænkeligt, er det forventeligt, at dette endnu unge 21. århundrede kan ende med at føre frem til den sammensmeltning af nationerne, som den såkaldte europæiske union med alle sine kunstgreb og overfladebehandlinger indtil videre ikke på nogen som helst måde er kommet i nærheden af at gøre til virkelighed? Kort sagt: Vil dette århundredes organiske – og måske endda *ildrige* – udvikling endelig gøre os til dét, som vi siges at være, men som de fleste af os endnu ikke rigtig véd, hvad er, altså *gode europæere*? Dét er spørgsmålet.

Svaret – eller hvad vi nu skal kalde det – vil jeg udfolde i en fortællings rullende bevægelse, hvor der inddrages og anråbes tre hovednavne, som i min højst subjektive sammensyning gerne skulle ende med at udgøre et Odin-enøjet, puslespils-billede af den foranliggende horisont – altså, netop, en usamtidig kortlægning af dette endnu unge århundrede. Så vidt den indledende – og naturligvis selvhøjtideligt omstændelige – rejsevejledning. Nu af sted.

En hyggelig personage af gøgler-grundtvigsk aftapning

Vi begynder – som lovet – i det nære, nemlig med at berøre en hyggelig personage af gøgler-grundtvigsk aftapning, nemlig åndshistorikeren – og højskolesprællemanden – Jørgen Bukdahl, der kan tjene ganske godt som hjemligt springbræt og kontraststof for dét, der kommer, for han har nemlig – midt i sit livsværks skønsomme blanding af dybsindighed og nonsens – udtrykt noget sigende og for mit formål anvendeligt om forholdet mellem det nationale og det fælleseuropæiske.

I indledningen til den lille bog *Norden og Europa*[2], der oprindeligt udkom i 1947, beskriver Bukdahl, hvordan forholdet mellem de enkelte nordiske nationer og det fælles Europa kan billedliggøres som en brokonstruktion. De enkelte bærepiller er – set heroppefra – de nordiske nationer, og den udstrakte bro er vejen ned mod Europa. Uden de enkelte nationer kan der ikke bygges nogen bæredygtig bro, og uden bygningen af broen kommer de enkelte nationer ikke til deres fulde udfoldelse. Senere i bogen ekspliciteres det, at dette billede gælder alle Europas nationer. De er alle delementer, og Europa er det samlede bygningsværk. Hovedsagen med dette billede og med den lille bog er, at Bukdahl i slipstrømmen på den udstrakte europæiske borgerkrig, følte sig bevæget til at gennemtænke forholdet mellem delene og helheden. Han havde betragtet den indre europæiske nedsmeltning, hvor kontinentet rev sig selv i stykker, og ellers ret så beslægtede nationer fandt det både rimeligt og betimeligt at sønderbombe hinandens storbyer – og de kroppe, der opholdt sig i dem. Ud fra synet af dette civilisatoriske sammenbrud var Bukdahl, som så mange andre, overbevist om, at den tid nu var kommet, hvor broen skulle bygges – hvor Europa måtte samles for at sikre dets fremtid mod et tilbagefald til selvdestruktiv adfærd.

Så vidt, så godt. Alt dette tror jeg for så vidt, Jørgen Bukdahl havde ret i; det var og er nødvendigt for os europæere at finde

---

[2] Jørgen Bukdahl, *Norden og Europa*, Billedkunstskolernes forlag, 2. udgave, København 2013

hinanden i et levedygtigt fællesskab. Men meget tyder på, Bukdahl tog grueligt fejl i sin grundvurdering af, *hvordan* dette fælleseuropæiske samliv ville blive virkeliggjort. Han forestillede sig, at vejen ville gå gennem en fredelig besindelse på de enkelte nationalstaters særpræg, og at denne erkendelse af det egne helt af sig selv ville føre ind i det fælles. Sådan er det ikke ligefrem gået.

De europæiske nationers udvikling i det nu – Guderne ske tak og lov – døde tyvende århundrede kan ikke just siges at have været en tiltagende selvbesindelse, og de forsøg, der er blevet gjort på at åbenbare vores europæiskhed, er ikke spiret frem fra det nationale, men blevet forsøgt påført os oppefra – eller, som vi jo siger her oppe hos os: *nede* fra, nede fra EU, nede fra eurokratiets højborg Bryssel.

Så vidt den ene brist ved Jørgen Bukdahls euro-forjættelser. Der er endnu én, som er vældigt sigende for den troskyldighed, som det tyvende århundredes granatchokkede efterkrigsgeneration har levet sit liv med og imødeset deres efterkommeres – altså *vores* – fremtid med. Undervejs i *Norden og Europa* er det nemlig, set fra vores tid, vældig påfaldende, at forfatteren ikke lader til at være klar over eller i hvert fald interessere sig synderligt for den kendsgerning, at der faktisk findes en verden *uden for* Europa – og at denne verden måske skulle kunne *ville* os noget, som vi kunne blive tvungne til at forholde os til. I alt, hvad Bukdahl skriver om Europa, er det tydeligt, at vores verdensdel alene opfattes som et handlende subjekt, ikke som noget, der kunne blive objekt for andres handlinger. Kort sagt: Manden er – for nu at bruge et venstrefløjset udtryk – hamrende eurocentrisk. Han forestillede sig ikke, at de fremmede skulle kunne blive aktører, og derfor tog han fejl i sin fremtidsdiagnose. For det er jo dét, de er blevet.

Det var den *overraskelse*, det 21. århundrede blev indledt med, da kaprede fly ramte storkapitalens tårne – og indprentede dét, der for mange af os står som vores første egentligt verdenshistoriske minde og allerede nu er ved at folde sig ud som resten af vores levetids fælles grundfortælling: At vi ikke er alene; at der findes andre mennesker i verden end os – og at en ret så væsentlig del af dem, ja, faktisk det altovervejende flertal af dem, har andre ønsker for verden, end vi har. For os, der nu er unge, bør det være en relativt enkel erkendelse. Men det var – og er – det ikke for efterkrigsgenerationerne.

De troede, de tror, og de har lært flertallet af deres efterkommere at tro, at Vesterlandets overhøjhed skulle være umistelig; at vi aldrig skulle kunne tabe, at fremtiden altid vil være vores – også uden at vi udfolder nogen nævneværdig indsats for det. I dag er en del af os langt om længe begyndt at fornemme, at virkeligheden – mildt sagt – meget vel kan vise sig at blive en anden.

Nuvel, forhåbentlig fornemmes det, at vi nu er ved at være *i gang*. Det afgørende er, at Bukdahl – midt i sine himmelblå ophobninger af illusioner om et samlet Europas sejrrige tæmning af drifts- og naturlivet, så alt godt endelig kunne blomstre overalt og for alle – faktisk fik øje på noget sandt i sin forudsigelse af den fælleseuropæiske nødvendighed. Netop nu, i vores tid, byder, således dette foredrags påstand, det europæiske sig ikke bare til som en mulighed, men som en nødvendighed. Vi står faktisk over for både udfordringer og modstandere, som kun kan magtes i fællesskab.

En vis skalpelkyndig germaner

Så vidt en foregribelse – eine *Vorwegnahme*, som den sydlige storskala-nabo kunne udtrykke det. Og *vupti*, så sagde vi, at vi var i Tyskland; se eventuelt for det indre øje, hvordan Odins mindefugl umærkeligt er flagret bagud og nedad – så den i dette øjeblik er fremme ved sit næste mål og *nu* sætter sig til rette på højre skulderblad af en vis skalpelkyndig germaner.

Hvem mon? Hvem kalder man mon på, når man er blevet træt af universalistisk andedams-optimisme, og har en både *sjov* og *spændende* historie, der må og skal fortælles af en omfangsrig ånd, hvis vingefang er så vidtstrakt, at enhver kan finde noget for sin smag hos ham? – aber Onkel N, natürlich! Også kendt som Friedrich Nietzsche, ét af kontinentalfilosofiens mest sprængfarlige menneskedyr – én af de, i samme ånde*drag*, mest blæste og skarpsindige profetnaturer i det moderne Europas åndshistorie.

For se, sagen er nemlig den, at Nietzsches – sagen wir mal – deli-kat syfilis-indfarvede – sind husede nogle ganske iøjnefaldende forudsigelser angående nationernes sammensmeltning og det kommende Europas liv. De findes mange steder i hans skriverier – særligt i det senere værk, hvor valgslægtsskabs-Schweizeren folder sig ud som *ein guter Europäer*, ja, som en mand, der efter eget udsagn føler sig mere hjemme i det 21. århundrede end i sit eget – og frejdigt erklærer sin samhørighed med livsformer, der endnu ikke findes, nemlig "die Europäer von übermorgen", altså, i overmorgens europæere – hvilket jo må være *os*.

Her vil jeg fremhæve et enkelt særligt spidsformuleret sted, som står at læse i femte bog af *Die fröhliche Wissenschaft*[3] – på dansk, *Den muntre videnskab*[4]. Det drejer sig om aforisme 362, som bærer titlen: *Unser Glaube an eine Vermännlichung Europas – Vores tro på en mandiggørelse af Europa*. Og jeg indskyder i vidensformid-lingens gode navn, at 'aforisme' er en genrebetegnelse på en kor-tere sammenhængende tekst i en bog, hvor de enkelte tekster er tematisk forbundne, men både kan læses sammen og hver for sig. Det kan man ikke vide, før man hører det første gang. Først der-efter er der ingen undskyldning.

Nuvel, i denne aforisme 362 tager Nietzsche sit afsæt ved den store Napoleon og alt det gode, han har gjort for Europa. Op-fattelsen er i al sin enkelhed – og *Anstößigkeit*, at:

> *Napoleon kan takkes for, at der nu vil kunne følge et par krigeriske århundreder efter hinanden, hvis lige ikke er set i historien; kort sagt, at vi er indtrådte i krigens klassiske tidsalder.*

---

[3] Friedrich Nietzsche, Kritische Studienausgabe, Deutscher Taschenbuch Verlag, München, ved Giorgio Colli og Mazzino Montinari, bind 3.

[4] Den her behandlede aforisme stammer, som angivet, fra femte bog af *Den muntre videnskab*, som på dansk ikke er en del af selve *Den muntre videnskab*, men er udgivet som et selvstændigt bind. Det skyldes, at Nietzsche først skrev femte bog i forlængelse af udgivelsen af *Den muntre videnskab* og derefter tilfø-jede den i genudgivelsen af værket: *Vi frygtløse*, oversat af Niels Henningsen, Forlaget Mindspace, København 2018.

Nietzsches formodning er, at denne krigens klassiske tidsalder vil udfolde sig i løbet af de næste par århundreder – set fra hans samtid, og at den ad kringlede og krogede veje vil kunne fremprovokere en fortsættelse af Napoleons imperiale impuls – og til sidst en virkeliggørelse af hans drøm om et samlet Europa. Nietzsches pointe er, at javist blev dét, som vi måske kunne have lov at kalde, *Napoleon-impulsen*, altså viljen til imperial samling af kontinentet, bragt til standsning, men selve dette, at impulsen overhovedet opstod og satte sig så kraftigt igennem, medførte opkomsten af den række nationalistiske modreaktioner, som man var vidner til på Nietzsches tid, og som – i overensstemmelse med hans formodninger – blev forstærkede i det 20. århundrede og gav sig til kende i interne europæiske krigshandlinger.

Altså, som jeg håber, I forstår: Det drilske (en marxismeramt akademiker ville sige det *dialektiske*) er, at Nietzsche netop ikke ønskede, at de europæiske lande skulle ødsle deres kræfter bort på at bekrige hinanden. Han brød sig ikke om den snæverhed i folkesindet, som han et sted i sine efterladte papirer kalder 'kvæg-nationalisme' (*Hornvieh-Nationalismus*); for hans håb stod til Imperium Europaeum, ikke til Groß-Germania. Men han havde en klar fornemmelse af, at vejen frem mod denne fælleseuropæiske samling ville – og *måtte* – blive både lang og blodsølet.

Og – han forventede, at de kommende krigeriske århundreder ville medføre en *gunstig* hærdning af Europas menneskemateriale; sagt med aforismens titel: *en mandiggørelse af Europa* – altså en omformning af kontinentets væsen; en forarbejdning af den sarte og værgeløse kongedatters indre, så hun – igen – kan blive i stand at avle tavse, tænksomme og tapre kongesønner – for nu at udtrykke det græsk-mytologisk og med en indføjelse af heltemodets treklang fra det oldnordiske læredigt *Hávamál*.

Men altså, Nietzsche venter sig meget af denne mandiggørelse af Europa: Den vil – forestiller han sig – medføre, at "Manden igen bliver herre over *køb*manden og filisteren i Europa". Som folkelig servicebemærkning indskyder vi her, at 'filister' hos Nietzsche betyder sådan nogenlunde det samme som *småborger*; altså – opdateret udtrykt – en træt og fantasiløs type, der har nok

56

i at passe sit karriereliv, sit Netflix-fix og – ikke mindst – sine tre ugers udlandsferie, som efter eget 'begejstrede' udsagn virkelig gør livet værd at leve. Altså, i al korthed: Filisteren er, for nu at sige det med nogle af Nietzsches andre ord, det menneske, hvis liv i alt væsentligt udgøres af smuds og foragtelig hygge – *Schmutz und erbärmliches Genießen.*

Anderledes er det med det fornemme og stræbsomme menneske – og Nietzsche håber netop, at krigserfaringerne igen vil gøre fornemme og stræbsomme mennesker til noget almindeligt forekommende. Hovedsagen er, at Napoleon-impulsen var udtryk for en fortsættelse af renæssancen. For manden var en driftig kriger-arkæolog. Ifølge Nietzsche lykkedes det ham at genopdage – direkte oversat at 'genopbringe' – "et helt stykke af antikkens væsen, måske det afgørende stykke, granitstykket", *das Stück Granit.*

Håbet er, at dette opgravede granitstykke af antikkens væsen med tiden vil blive mægtigere end de snævert nationalistiske bevægelser, så Napoleons arv kan videreføres – så der til sidst kan opstå "das eine Europa", det ene Europa – og det vel at mærke "als Herrin der Erde", som "Jordens herskerinde". Ja, interessant nok er det faktisk dét, der står i den tyske tekst *Herrin, herskerinde.* Desværre står der *herrer* i den nyligt udgivne danske udgave. Og dét er jo dumt, for havde Nietzsche villet skrive 'som Jordens herre', *als Herr der Erde,* ja, så havde han nok gjort det. Mere sandsynligt er det, at han – som kær og gammel ven af grækerne og deres myteverden – meget vel var klar over, at Europa jo *er* en kvinde – og gerne skal forblive det. Udtrykket 'mandiggørelse' kan – Guderne ske tak og lov – således ikke indebære et totalt kønsskifte, men må forstås som en hærdnings-vision, hvor kontinentets kvindelige væsen omdannes, eller måske snarere *gendannes,* i dybderegionen, så prinsesse Europa kan ende som den herskerinde, Napoleon i sin tid så skørtekanterne af i sit imperiale drømmesyn.

Ja, så højt svang Nietzsches fremtidsforhåbninger sig over ham og hans egen tid. En del fik han ret i; den første del af det tyvende århundrede blev ganske rigtigt præget af bloddrukken

57

nationalisme – og i forlængelse heraf opstod ganske rigtigt et storstilet, men uorganisk, forsøg på fælleseuropæisk samling. Men en hærdning, en mandiggørelse, et herskedygtigt Europa? Nej, vel. Sådan gik det ikke ligefrem.

Betyder det så, at der var mere syfilisinfektion end profetisk gave i Nietzsches fremtidssyner? Tja, bum; som så meget andet afhænger det af øjnene, der ser – og *hvor mange* øjne man har at se med. For den, der ejer en åben historisk sans, er mindst én sag sikker: At afstanden mellem de europæiske storkriges afslutning og vores nutid *ikke* er lang. Det drejer sig om en enkelt generations levetid; nemlig den (forældre)generation, der nu er døende og som dermed overlader os levende plads til for egen regning og på eget eventyr at overveje, om tidsforløbet mellem os og Andens Verdenskrigs afslutning måske snarere skulle kaldes en *parentestid*, end en fremgangstid.

Historien er uskrevet; det meste er uvist, men sikkert er det, at denne tidsepoke har været anderledes end alle andre; Vestens – og særligt Vesteuropas – indbyggere har i løbet af sådan cirka de sidste 73 år tænkt særdeles anderledes om sig selv og deres verden, end de ellers nogensinde havde gjort, og – vigtigst af alt – end nogen som helst andre af den store, vilde verdens indbyggere kunne finde på at gøre. Kort sagt: Vores forældre har levet størsteparten af deres liv i en fjendeløs tid – og vi er sat i verden som børn af denne verdenshistoriske abnormitet.

Og man spørger sig selv: Hvor længe kan det mon blive ved? Afdæmpet udtrykt: Nok ikke så forfærdelig længe endnu. Allerede nu ses der tegn i både sol og måne, som antyder, at dette *interregnum* – denne mellemtilstand – kan være ved at finde sin afslutning og glide ind i en ny tidsalder, eller måske netop: At vi kunne være på vej til at glide *tilbage* i det spor, der viste sig for Nietzsche som vores blodstænkede fremtid – krigens klassiske tidsalder, nu tilføjet nye og overraskende sving og kringelkroge.

Ægte åndelighed er kun mulig i kamp

Og nu – et spring, frem til en et sted imellem vores nærmere fortid og faktiske nutid: For denne tanke – at vi nu er på vej ind i en krigerisk tidsalder, et århundrede af stål – findes særdeles klart og radikalt, nogle ville sige *rabiat,* gennemtænkt og udtrykt hos én af Nietzsches nulevende, kontinentaleuropæiske efterkommere, nemlig den franske højre-intellektuelle (nogle ville sige højreradikale) tænker og propagandist Guillaume Faye.

Jeg vil ikke spilde tiden på at sige en masse om mandens biografi, så jeg nævner blot et par tilfældigheder, nemlig at han er en del af den paneuropæiske strømning, der kaldes *det nye højre,* og at han i løbet af sit liv – efter eget udsagn – har prøvet det meste; herunder arbejde som pornoskuespiller i branchens mere snuskede egne og indtagelse af størstedelen af den narkotika, der var i handlen i de glade ungdomsdage. Han fortryder det ikke, men har – som kyndigt apollinsk afsvalet dionysiker – gjort sig visse overvejelser omkring indskrænkningen af den slags udskejelser til særlige, eksempelvis sommerlige, karnevalstider.

Og hermed slut med slibrighederne, for det er – i sagens natur – ikke denne del af mandens selvudfoldelse, jeg vil fortælle om. Jeg ville bare lige sige noget farverigt, inden vi stiger ombord i modbydelighederne.

Se, så – den mest umiddelbare årsag til at sammenkæde Guillaume Faye med Friedrich Nietzsche, er, at han direkte kalder sig *nietzscheaner,* samt at han i alt væsentligt forstår sig selv som en videreførelse af den livsfilosofiske tankelinje, som Nietzsche var en hovedeksponent for – og endelig: at han har arvet Nietzsches sans for selvsikker profetisme.

De bøger, der foreløbig står som hovedværkerne, skrev Faye lige omkring årtusindskiftet – og forudså dengang en væsentlig del af de *eskaleringer,* som vi allerede er begyndt at blive vidner til i vores tid. Bevares, her og dér har han også været lige vel ivrig i varetagelsen af profethvervet og således forestillet sig, at vi allerede et sted mellem 2010 og 2020 skulle bevidne – og ikke mindst *erfare* – et civilisatorisk kollaps. Men sådan er det jo med fremtiden. Den er en drilsk affære, som har sin egen vilje og ofte ankommer anderledes end forventet. Men som sagt: En væsentlig del af mandens forudsigelser har vist sig at være *proteinholdige*. De er ved at blive til virkelighed.

Kort og ligefremt udtrykt beskæftiger Faye sig med spørgsmålet om den kommende tidsalders *titaniske* og *tragiske* grundpræg. Særligt ét område har hans bevågenhed, og det er, lidet overraskende, spørgsmålet om den igangværende *kolonisering af Europa*, altså spørgsmålet om, hvordan vi skal forstå og ikke mindst håndtere tilstrømningen af de vandrende – og med tredjeverdens-entusiasters hjælp sågar sejlende – menneskemasser, som slår sig ned på vores territorier og for størstedelens vedkommende ikke opblandes med værtsbefolkningerne eller tilpasser sig vores livsverdener. Modsat tidens herskende – men jo allerede gradvist krakelerende – mirakeltro forestiller Faye sig nemlig ikke, at der vil komme til at ske nogen storskala-assimilation. Assimilation er – således den tørre konstatering – kun mulig med meget små og beslægtede grupper.

Herudfra er Guillaume Fayes opfattelse den håndfaste og vidtrækkende, at Europa i løbet af dette århundrede vil ophøre med at eksistere som *vores* Europa, hvis ikke det fælleseuropæiske folkesind gennemgår en omfattende forandring, som både indebærer generindringen af, hvem vi egentlig var, og en fast vilje til, om nødvendigt, at blive til noget ganske andet, end vi nogensinde har været, for at bjerge os og vore gennem det, der kommer. Eller nordisk udtrykt: Faye interesserer sig både for den ene og den anden af Odins flyvende øjne: Hugin-blikket fremad, Munin-blikket bagud – tanken og mindet, der tjener samme gode sag: at værne om den slags liv, der ikke skal dø som ingenting.

Som selvbevidst romansk-talende snob har manden naturligvis udklækket sin egen neologisme til beskrivelse af denne dobbelte tidslige orientering. Han kalder det *arkæofuturisme* – og mener dermed en genvakt sans for det basalt primitive, en hjemkomst til det *granit*faste grundfjeld under modernitetens sindrige bebyggelser koblet med et vidtrækkende faustisk erobrings- og erkendelseslystent udsyn til det kommende. Og herunder: En uforfærdethed i vandringen frem mod den forestående tidsalders teknisk-titaniske potentialer og dét, de kan bruges til i overvindelsen af truslerne mod Europas bestå en – eksempelvis: genteknologisk løsning af kontinentets demografiske krise og opgradering af det europæiske menneskemateriale, *new wave*-kernekraftværker, der kan erstatte den uholdbare kul- og olieafbrænding, hyperhastigheds-toge, der kan muliggøre en reel europæisk kosmopolitisme *og* – hvis man tillader mig et selvbrygget, men ikke dermed mindre fremtidsrealistisk, eksempel: euroloyale deportations- og interinerings-robotter, som *lynsnabt* kan kende forskel på en islamist og en jyde-hipster. Den slags – og meget mere.

Hovedsagen er åbningen af den tekno-futuristiske horisont som en virkelighed, der ikke sådan lige kan undgås – hvis man altså rent faktisk ønsker at vinde. Alt dette skildres i hovedværket *L'Archéofuturisme Techno-science et retour aux valeurs ancestrales*, som findes i en engelsk oversættelse med en lidt anderledes undertitel. Jeg indrømmer, at det foreløbig er denne udgave, jeg har læst: *Archeofuturism – European visions of a postcatastrophic age*[5]. Anbefalelsesværdigt, urovækkende og eksplosivt.

Og så tilbage til hovedsporet: Fayes grundanliggende er at appellere til dét, som han i grækernes livsglade ånd kalder tragisk optimisme, altså en mytefølsom fornemmelse for, at kaostegnenes ophobning faktisk kan give grund til håb og vække vilje. For – således ræsonnementet – alting både må og skal blive meget, meget værre, før noget måske kan blive bedre. Midt i denne altings forværring er Faye – præcis som sin tyske læremester – overbevist om, at vi som fælleseuropæisk folk vil gøre os erfaringer, der både kan slynge os tilbage til oprindelsen, ind til det inderste og frem mod sejren. For kamperfaring og åndeligt liv er gensidigt forbundne. Eller som manden selv udtrykker det – med nogle ord, der lyder helt højskolemytologiske, når de oversættes til dét sprog, vi har fået af vores mor: "Ægte åndelighed er kun mulig i kamp" – og vi gentager: Ægte åndelighed er kun mulig i kamp. Sætningen står at læse i propaganda-encyklopædien

---

[5] Guillaume Faye, *Archeofuturism – European visions of a postcatastrophic age*, Arktos 2010.

Pourquoi Nous Combattons – Manifeste de la Resistance Europeenne,
på engelsk *Why we fight – manifesto for the European resistance*[6],
hvori Faye har fremlagt sit grundsyn i en række ordbogsopslag,
så man eksempelvis kan slå op på ordkæden *nation, nationalisme,
ny nationalisme* – og dér finde det syn på fædrelandsdyrkelsens
fænomen, som den franske fanatiker tilbyder enhver livsvillig eu-
ropæer at gøre til sit.

Konkret drejer det sig for Faye om overgangen fra den
gamle enkelstats-nationalisme, altså hvad der svarer til Nietz-
sches forståelse af den bøvede og indskrænkede kvæg-nationa-
lisme, til en ny fælleseuropæisk, storskala-nationalisme – ikke
som en udryddelse af den almindelige nationalfølelse, men som
en retledning og udvidelse af følelsesberedskabet. Han kalder det
blandt andet "en imperial stor-europæisk nationalisme" – og
spinder derved videre på Nietzsches napoleonske tråd med dens
profeti om en mere vidtrækkende nationalisme.

For Faye indebærer denne nye nationalisme en tværnatio-
nal *etno-kulturel* selvbesindelse og viljesbefæstning. For ja, lad os
da få tankeforbrydelsen på bordet; for ham angår det nationale
også det etniske som en – konstaterbart – betydningsfuld, men
ikke enerådende, faktor for gruppeidentitet og mental arkitektur,
og han forventer, at europæerne som del af den løbende eskale-
ring igen vil blive bevidste om sig selv som et både ånds-, steds-
og *natur*bundet fællesskab.

Så vidt dét synspunkt hos Faye, der givetvis er vanskeligst
at sluge for os velfærdsskandinaver, der er opvoksede i beskyt-
tede miljøer og opdragne med dogmet om etniske gruppers prin-
cipielle lighed – og enshed. Men uanset hvad vi måtte mene om
det, så svarer Fayes påpegning af etniske forskelles virkelighed
fuldstændig til, hvordan der tænkes – og ikke mindst handles – i
størstedelen af den store, vilde verden. Mennesker orienterer sig
ud fra etno-kulturelle blokke. Intet tyder på, at det vil ændre sig.

---

[6] Guillaume Faye, *Why we fight – manifesto for the European resistance,*
Arktos, 2011.

Foruden denne hævdelse af det etnokulturelle fællespræg er synet på den europæiske nødvendighed på sin egen sære måde faktisk nogenlunde det samme, som findes hos nutidens EU-begejstrede liberal-demokratiske utopister, nemlig at Europa ikke vil overleve alt dét, der kommer, uden etableringen af en central og potent politisk autoritet med langt større råderum for tempofyldt handling, end det nuværende samarbejde kan mønstre.

Modsat tidens EU-entusiaster går Faye så væsentligt længere i sin insisteren på nødvendigheden af en øget udfoldelsesmulighed og handlefrihed hos den politiske autoritet. For ham er det et – i ordets egentlige betydning – *relativt* spørgsmål, hvilken styreform, der kommer til at sejle Europa gennem skærene. Hovedsagen er at finde dét, der virker. For virkeligheden er dét, der virker.

Fayes formodning er en blandingsform, hvor der både hævdes en central – og ikke nødvendigvis flertals-demokratisk udpeget – *suveræn* og samtidig agtes på europæernes århundredelange erfaringer med regionalt, delvist folkestyre, hvor de, der skønnes duelige gives medbestemmelse i forhold til de spørgsmål, der umiddelbart angår dem – og som de har forstand på.

Det minder ikke just om *your everyday europhile.* Afstanden mellem Faye og tidens herskende stemmer er mildt sagt enorm. For modsat vores velkendte EU-venner forestiller han sig ikke, at Europa vil blive stort og blomstrende ved at indoptage ikke-europæiske mennesker, men derimod ved at gennemføre den diametralt modsatte bevægelse.

Guillaume Faye tror, at Europa både vil genbesinde sig på sin arv og katapultere sig ind i sin imperiale fremtid ved igen at lære at skelne mellem venner og fjender og – bogstavelig talt – ved at ud*grænse* dem, der ikke er vores venner; dem, der ikke er eller kan blive en del af det europæiske 'vi'. Det drejer sig – naturligvis – i første omgang om de rettroende muslimer.

Denne politiske *kraft*præstation – altså generobringen af de europæiske territorier, *la reconquête*, gennem udgrænsningen af de mennesker fra den tredje verden, som ikke er og ikke vil blive en del af det europæiske 'vi' samt etableringen af Fort Europa som et funktionsdygtigt og *frygtindgydende* værn ved kontinentets grænser – kan praktisk set ikke løses af de enkelte nationer og vil ikke blive løst, før sansen for den fælles skæbne får tag i europæerne.

Faye forventer, at dette vil ske gennem en fortsat eskalering frem mod en decideret kamp- og undtagelsestilstand, som vil kalde den nye suveræn frem og lære ham at træffe sine afgørelser. Eller med mandens egne ord: Vi trænger til "en konkret voluntaristisk tanke, der skaber orden".

Så vidt den grundlæggende diagnose. Prognosen er, som kraftigt antydet, at alt dette vil blive til vores virkelighed i løbet af den tilbageværende del af dette endnu unge århundrede – og vores endnu unge liv.

Som hjertet af en atomreaktor

Og nu er jeg – som det måske fornemmes – så ved at flakse mig i retningen af en afslutning. Et sidste spørgsmål skal berøres, nemlig det mere specifikt åndelige – om man vil, *det religiøse* – spørgsmål. Da jeg omtalte Nietzsche, nævnede jeg ikke den mest nærliggende implikation af hans forestilling om en hærdning af det europæiske menneskemateriale – nemlig spørgsmålet om Europa og kristendommen. For jeg syntes, at de af jer, der allerede kender til Nietzsches syn på kristendommen selv skulle have lidt tid til at tygge på spørgsmålet. Det har I forhåbentligt gjort, og jeg kan så knytte nogle tråde til yderligere.

Se, Nietzsche var ganske overbevist om, at kristendommen var et sygeligt, mellemøstligt fremmedlegeme, som havde mørnet den europæiske rygrad og præget europæerne i retning af indebrændt ondskabsfuldhed, hyklerisk alkærlighed og regulær *umenneskelighed*. Som han udtrykker det i en aforisme i samlingen *Jenseits von Gut und Böse – Hinsides godt og ondt*: "Det er umenneskeligt at velsigne dér, hvor man bliver forbandet". Nietzsche forestillede sig, at denne erkendelse i tiltagende grad ville gå op for europæerne – og dét vel at mærke på den hårde måde.

Som åndelig efterkommer af Nietzsche er Guillaume Faye – ikke særlig overraskende – dybt præget af denne kristendomskritik. Han nævner Nietzsches skarpslebne perle af et hovedværk *Antikrist – forbandelse over kristendommen* som den ene af de to bøger, der har betydet mest for hans syn på åndelige sager – og jeg må sige, at jeg vældig godt forstår ham. Det er en bog, der bør læses og *forstås* af enhver, der ønsker at prøve sin egen karakter. Det gælder særligt den, der er teolog eller dét, der ligner. Personligt har jeg læst den tre gange – i løbet af det seneste år. Men altså, Faye er præget af Nietzsches opgør med den kristelige kærlighedsmoral – for den religiøse energi i *bleeding heart*-globalisternes feberhede krav om altomfattende kærlighed er, således argumentet, netop en del af katastrofen; et væsentligt stykke af årsagsgrundlaget bag Europas foreløbige selvmordskurs.

Fayes medicinering er todelt: På den ene side fastholder han sit fælleseuropæiske og vitalistiske, samlende sigte og afviser således at lade konfessionelle spørgsmål så splid mellem de folkelemmer, der jo gerne skulle samles for at sikre os en fremtid, som vi kan kalde vores. På den anden side medgiver han personligt at have lagt det judæo-kristne verdensbillede bag sig og være rendyrket *hedning* – og han forstår den historiske katolicisme som en blandingsreligion, der var i stand til at holde sammen på Europa netop, *fordi* den ikke var et udtryk for ren kristendom, men en blandingsform, hvor blandt andet helgenkulten sikrede en nærhed til det hedenske grundpræg.

Dette hedenske grundpræg definerer han som en religiøs livsholdning, hvor – direkte og latinpræget oversat – "det sakrales immanens bekræftes", eller mere modersmålsligt udtrykt og udfoldet: For Faye er 'det hedenske' en både fast og smidig livsholdning, hvor erfaringen af det helliges *indlejring* og følbarhed i *dette* liv ægger viljen og danner afsæt for handling. Kort sagt: En erfaringstilstand, hvor ånd og natur både erkendes og *opleves* som to sider af samme gode sag – uden at denne erfaring skal sanktioneres gennem sidehenvisninger til en mellemøstlig bog. Det kunne være: et forældrepars indvielse i hemmelighedstilstanden ved børnefødsel; en søn, der knæler ved sin faders dødsleje; en mand, der vågner til ansvar og føler viljen blusse i sig under en kamphandling – alt sammen bogstavløse erfaringer af det helliges hjemmehørighed i dette liv.

Et sted i den nævnte bog *Arkæofuturisme* omtaler Faye dét, han kalder "den hedenske sjæl" som "en indre styrke, der skal gennemtrænge alle ideologiske og kulturelle udtryk" og være som "hjertet af en atomreaktor". Men en atomreaktor er ikke noget, som folk flest skal gå rundt og vise frem *den ganzen Tag lang* – og der er – konstaterer Faye som den pragmatiske ekstremist, han er – ingen mening i at skabe et kunstigt skel mellem reaktorhedninger og dét, han kalder *traditionelle* kristne. Hvis kristne mennesker har sans for naturlivets virkelighed og kampens nødvendighed, kan de – for hans skyld – tænke lige, hvad de vil om tømmersøns-mirakelmageren fra Nazaret; og han anbefaler andre euroloyale neo-nietzscheanere at tænke på samme måde. Det er ikke dét, der skal skille europæere ad. Jeg nævner i al korthed, at dette syn på vores åndelige situation efter min opfattelse – mildt sagt – er værd at tygge på.

Så skønhed soner skylden

Und jetzt sind wir schon so weit. Kun en enkelt ting mere, skal der nævnes om den euro-imperialistiske franskmand, nemlig en overraskelse og glædelig nyhed, som jeg har gemt til allersidst – og som angår jer og jeres fremtid. Sagen er nemlig den, at Guillaume Faye faktisk ikke kun er euro-imperialist. Hans profethåb rækker endnu længere – nemlig hele vejen til *Euro-Sibirien*.

Forestil jer lige det; glæd jer lige til det – et arkæofuturistisk imperium, hvor solen i mere end én henseende aldrig går ned. For – som Faye så hemmelighedsfuldt tilhvisker sin læser i de allersidste linjer i *Hvorfor vi kæmper* – "når Apollon vender tilbage, bliver det *for evigt*". Denne gådeprofeti vil jeg bede jer indskrive på jeres hjerters kødtavler, og så vil jeg – som det nu for alvor allersidste – bede jer lytte til et digt af vores egen Thøger Sommersanger. Dermed skulle vi gerne både blive bragt hjem til os selv og *videre* frem mod dét, der snart skal ske. Digtet hedder *Hymne* og er et åbent vindue ind i det kraftværk, som frembragte vores elskede sommersange; en fremvisning af grundstrukturen i den kosmiske vestjydes indre reaktor og en opvisning af, hvilken smidighed et menneske – og dermed et digt – kan tillade sig, hvis sjælens flamme brænder *klart*:

De store Lysets Aander gaa
med Dæmring over Lande,
med Blæst fra friske Tankers Blaa
mod Dogmers døde Vande.
Det straaler højt af Haab og Harm
i Aandens Østerlide —
og Gryet spreder dejligt Skær om hver,
der faldt i Lysets Hær
med blodigt Saar i Side.

Der fo'r saa mangen ensom Mand
sin egen sære Færden —
med Sjæl, der slog som Baal og Brand
omkring den vide Verden,
saa Dagning randt for skjulte Dyb,
trods tusindaarigt Mørke.
Man mødte frem med Hadets Slud
at slukke slige Aander ud,
men gav kun Flammen Styrke.

Mens deres Liv i sluttet Sum
sig ud i Fortid fjerner,
de ses i Sagnets Himmelrum
som store Morgenstjerner;
mens deres Fjender inderst ind
i evig Glemsel glide,
de selv i Himlens Stilhed staar
og skinner gennem tusind Aar
i Aandens Østerlide.

Pris være Styrken, de har spændt
mod Livets Løgn og Jammer!

67

De Sandheds Helligaand har tændt
 som skære Pinseflammer;
den skinner foran Vej og Værk
 i ædel Strid og Stræben
 og døber Tanken i sit Baal,
saa større Tiders Tungemaal
 kan dæmre os paa Læben.

Vor Gud skal være rank og stor
 — han sidder bøjet, bundet,
med døde Slægters blinde Ord
om alt sit Væsen spundet.
Vi trænger til en Sommersang,
hvor Tonen glitrer gylden.
Vi folde vil vort Væsen ud
mod Livets frie, friske Gud,
saa Skønhed soner Skylden.

Johan C. Nord (f. 1988) er skribent og foredragsholder.
Han har bidraget til en lang række bøger om dansk
åndsliv, og har bl.a. været med til at redigere Efter
Georg, der udkom på Munch & Lorenzen i 2015.

Konservatismens genfødsel ud af den tyske romantiks ånd?

En undersøgelse af krydsfelter mellem romantiske motiver, æstetik og politik i Simon Strauss' Sieben Nächte samlæst med Botho Strauss' Der junge Mann.

AF EKSTERN LEKTOR, CAND.MAG. MADS LUND MIKKELSEN

Hvad var den tyske romantik, hvad kan denne enormt komplekse og vidt forgrenede åndsbevægelse over hundrede år efter dens højdepunkt siges at være medskyldig i, hvad angår den spændt-betændte Weimarrepubliks politiske klima? Spørgsmålet har været diskuteret siden 2. verdenskrig, og med til det hører også diskussionen om, hvorvidt den tyske romantik og dens arvinger oplever en genopblomstring og revitalisering i nutidens Tyskland gennem yngre forfattere, og om denne opblomstring med rimelighed kan tolkes som en konservativ modstrømning til tidens herskende liberale diskurser, eller snarere som et højreradikalt forsøg på at genvinde diskursiv hegemoni under dække af besindelse på tradition og overlevering. Disse er også hovedspørgsmålene, hvorom tankerne i følgende undersøgelse kredser.

I vælten – Debatten om Simon Strauss' Sieben Nächte

I sommeren 2017 udgiver en ung mand, endnu ikke fyldt 30 år, en roman, hvori fortælleren S i angst for snarlig stivnen i hjemfaldenhed, flegmatisk apati og arbejdståger en sidste gang vil bevise og bekræfte sin frihed. Han vil nå til et personligt gennembrud i slutningen af en ungdom, der har formet sig som en snorlige march gennem uddannelsesinstitutionerne på vej mod et ligeså forudsigeligt voksenliv. En sidste gang vil den unge mand sætte sit selv på spil, han vil prøve sit mod af og udsætte sig for syv nætter med syv forskellige dødssynders farer. En alvorlig leg, et eksperiment, hvortil også skrivningen hører, skabelsens og den åbne tales vovestykke. Simon Strauss er romanens forfatter, 29-årig redaktør på avisen *Frankfurter Allgemeine Zeitungs* kultur- og litteratursektion.

Særligt i romanens indledning, inden fortælleren begiver sig ud i de syv nætters synder, kritiseres den tyske kultur for at være stivnet i en af selvfølgeligheder præget passiv subversivitet, i en dræbende ironi, der består i en overbetoning af kritisk rationalitet frem for følelse, ufarlige vedtagne sandheder frem for mod til udsagn og kynisk konformisme frem for åben strid og ægte uenigheder i tale ansigt til ansigt.

Romanen blev umiddelbart efter udgivelsen rost og lovprist i flere større tyske medier som *Die Zeit* og *Der Spiegel*. Først forsinket, i 2018, blusser derpå i selvsamme medier en heftig debat op omkring bogen. Af de argeste kritikere beskyldes Strauss for med sin bog at agere skjult fortaler for både Alternative für Deutschland og mere diffust for det ny højre, et paraplybegreb betegnende alt fra PEGIDA over den nationalkonservative publicist Götz Kubitschek til den såkaldt Identitær-bevægelse.

Kritikerne citerer løsrevne ord og brudstykker af fortællerstemmens udfald mod samtiden; i et indlæg i det erklæret venstreorienterede *taz*, der blev gnisten til den debat, citerer Alem Grabovac Simon Strauss for at skrive om "skæbnefælleskaber, hemmelige selskaber, mytologiske fortryllelser, utopiske gnister, dybe sår, smerte, had, raseri, i vinden blæsende tyske flag, magtfølelser, hævede arme og længsel efter en ny begyndelse"[1]. Denne række af ideologisk belastede ord, af hvilke enkelte faktisk er at

---

1 Artikel bragtes i *taz* den 1.8.2018 og kan findes på nettet under følgende link: https://www.taz.de//!5472546/

finde i selve romanen, og det faktum, at Strauss har dristet sig til at invitere forlægger Götz Kubitschek som gæstetaler til sin litterære salon udgør for Grabovic grundlag nok til at kæde personen og forfatteren Strauss sammen med politisk højreekstreme positioner. På Grabovics indlæg i *taz* følger i blandt andet *Der Spiegel* og *Die Zeit* kritiske indlæg af anmeldere og kulturpersonligheder, og også det toneangivende unge berlinske litteraturmagasin *Das Wetter* tager afstand fra Strauss.

Hvis De ved læsning af det ovenstående rammes af den beklemmende følelse, at historien gentager sig, så tager De ikke fejl. Den 8. februar 1993 udgav dramatiker, forfatter og tænker og Botho Strauss, Simon Strauss' far, i *Der Spiegel* således et berømt-berygtet essay, der rystede og forargede det intellektuelle Tyskland og afstedkom en længere debat af overvejende afvisende og kritisk karakter. Strauss udråbtes som et nyt, genfødt højres foregangsmand og intellektuelle forbereder og forsvaredes af andre med henvisning til det polemiske og forsimplende i kritikernes allergiagtige forsvarsreaktioner mod *Anschwellender Bocksgesang*, *Tiltagende bukkesang*, som essayet hedder. Botho Strauss har siden flere gange udgivet tekster af lignende karakter, senest med sit essay *Der letzte Deutsche*[2].

Fælles for debatterne omkring Simon Strauss' debut og Botho Strauss' *Bukkesang* er, at kritiske debattører i vid udstrækning har undladt at begribe teksterne som mangefacetterede teoretiske og litterære værker, der kræver en tolkning som helhed. Passende for den i Tyskland herskende diskurs, der kræver kunstens og forfatternes politiske engagement, er teksterne med forudsigelig sikkerhed i hvert tilfælde søgt reduceret til enkelte simple politiske udsagn. I tilfældet *Sieben Nächte* er værket af de nævnte kritikere, Alem Grambovic og magasinet *Das Wetter*, end ikke blevet anerkendt som et stykke fiktion, hvis jeg-fortællers ytringer og meninger som udgangspunkt bør holdes adskilt fra forfatterens.

---

[2] *Den sidste tysker*, oversat til dansk af undertegnede for salon55 og Information. Artiklen kan findes under følgende adresse: https://www.salon55.dk/den-sidste-tysker/

Den praksis lader formode, at romanen først og fremmest tjener debattørerne som et antipodisk springbræt til fremhævelse af eget politiske ståsted. Samme tendens ses hos Antonia Baum i *Die Zeit*, der ligesom Grambovic og *Das Wetter* kritiserer Strauss for at hylde et højreorienteret og forældet mandeideal (manden som helt og soldat), for i sine artikler i *FAZ* at bekymre sig om den tyske kulturelle- og litterære traditions plads i den postmoderne verden og for under dække af den borgerlige dannelses slør at drømme om en konservativ revolution.[3]

Centralt i anklageskrifterne mod både Botho og Simon Strauss står deres både eksplicitte og implicitte brug af poetologiske og filosofiske tanker, motiver, topoi og stilistiske virkemidler, der kan føres tilbage til den tyske romantiske tradition for poesi og tænkning. Kritikken mod Simon Strauss fra litteraturmagasinet *Das Wetter* leverer i denne henseende et eksemplarisk citat, der opsummerer anklagen mod den tyske romantik. Katharina Holzmann og Sascha Ehlert, redaktører på *Das Wetter* og medlemmer af den unge forfattergruppe *Rich kids of literature* skriver i deres kritik, en leder, følgende sætning "I dystre tider er også en samtale om træer og blå blomster en forbrydelse."[4] Tanken er dels, at enhver romantik er farlig, i den upolitiske variant fordi enhver upolitisk eller ikke eksplicit venstreorienteret politisk kunstpraksis med sin æstetisering af liv, samfund og natur ignorerer og dækker over væsentlige uretfærdigheder i samfun-

---

3 Antonia Baum, 2018: http://www.zeit.de/2018/04/simon-strauss-faz-autor-afd-faschismus-vorwurf-pro-contra

4 Det drejer sig her om en parafrase af den Bertolt Brechts berømte digt *An die Nachgeborenen*, som Brecht skrev i eksil i danske Svendborg i årene mellem 1934 og 1938, altså efter nazisternes magtovertagelse. Hertil refererer udtrykket "i dystre tider". I Brechts digt hedder det dog, at i dystre tider er samtale om træer *næsten* en forbrydelse, og blomster nævnes ikke hos Brecht. Rich kids of literature påberåber sig altså eksplicit parallellen mellem 20'ernes og 30'ernes Tyskland og landets nuværende situation og iscenesætter sig selv som antifascistiske modstandskæmpere i Brechts fodspor. Holzmann og Ehlert, 2018: http://wetter-magazin.com/blog/2018/01/12/gab-es-das-alles-nicht-schon-mal/

det og dermed bekræfter og understøtter herskende magtstruk-
turer, eller i kraft af en angiveligt entydigt reaktionær historiefor-
ståelse og motiver, som kan omtydes og derefter anvendes natio-
nalchauvinistisk, direkte leverer tankegods til højreradikale be-
vægelsers idealisering af nationale myter. Enhver bekendelse til
æsteticisme udlægges således som et bevidst eller ubevidst bi-
drag til æstetiseringen af det politiske, og dermed som en tjeneste
for AfD og højreradikale.

At enhver æstetisering af den politiske sfære er farlig, udle-
des af udviklingen i Weimarrepublikken. De kredse af antidemo-
kratiske og højrenationale forfattere, der af forskningen siden
1945 som gruppe betegnes den konservative revolution, tilskrives
siden 1960'erne en stor rolle i forberedelsen af nationalsocialis-
men. At også kommunistiske og socialistiske utopier involverer
et kraftigt æstetisk aspekt, grunder i irrationelle elementer og
spillede en stor rolle i destabiliseringen af Weimarrepublikken,
ignoreres ofte. Både Simon, men også Botho Strauss' kritikere tol-
ker begges tekster og deres egen kritik ind i mønstret af en genta-
gelse af åndskampene i 1920'ernes Tyskland. I den kamp spiller
kritikerne i egen udlægning rollen som demokratiets og frem-
skridtets retfærdige forsvarere, og enhver modstander er på for-
hånd dømt rollen som skurken, der gentager historien og under-
graver den demokratisk-liberale verdensordens oplysnings- og
nutidstvang til fordel for reaktionære ideer om en kulturel og el-
ler politisk genrejsning af den gyldne tyske fortid.

I det følgende vil jeg præsentere min undersøgelse af, hvor-
dan det faktisk forholder sig med brugen af romantiske motiv-
kredse og tankegange i Simon og Botho Strauss værker, desværre
begrænset primært til *Sieben Nächte* og Botho Strauss' "Roman-
tisk[e]RefleksionsRoman"[5] *Der junge Mann*, centreret omkring
udvalgte motiver fra den tyske romantik. På denne læsning af

---

5 DjM, s. 16. Der henvises til den danske oversættelse af *Der junge Mann*
fremover med forkortelsen DjM. Strauss, Botho: *DEN UNGE MAND* – Rosi-
nante/Munksgaard, 1990.

værkerne følger en vurdering af mulige politiske betydninger og tolkninger af værkerne.

Læsningen kredser altså ikke først og fremmest om at undersøge teksternes politiske indhold og på det grundlag at be- eller afkræfte forbindelser til den konservative revolution og den politiske romantik, men om at vise, hvordan både yngre og ældre Strauss forholder sig til romantikken.

Valget af netop værket *Den unge Mand* skyldes den åbenlyse parallelitet mellem netop dette værk og Simon Strauss' *Sieben Nächte*; begge romaner undersøger den endnu ikke fastlagte eksistens af den ung tysk mand, og i begge tilfælde bruges figuren som spejling af en hel generations og nations tilstand og kvaler. Angst og virkelighed, ansigt og jord

Sieben Nächte handler om en ung mand, der mærker angsten for at blive et med man'et, blive en filister og spidsborger og mærker længslen efter og viljen til at blive en nogen, til et selv i egentlig forstand, og som tror på, at det nødvendigvis må ske gennem en overskridelse af hverdags-jegets skranker, tanker og hele livsorden, en overskridelse, der også vil sætte ham i stand til at kunne udhæve netop de aspekter af samtidens samlede udlægning af tilværelsen, det for ham gælder om at distancere sig fra og formulere sig op imod.

Det moderne subjekts kvaler er hovedproblemet for en stor del af de sidste 170 års filosofi og litteratur. Den tyske romantik kan altså ikke gøre krav på alene at have tænkt og formuleret den type af tanker, jeg skildrer ovenfor.[6] Fortælleren i *Sieben Nächte*

---

6 Tværtimod klinger deri en bred vifte af kulturkritiske tanker fra det 19. og ikke mindst det 20. århundrede, lige fra strukturalisme, psykoanalyse, kritisk teori til tysk eksistensfilosofi og fransk eksistentialisme. Men den tyske romantik og den tyske idealisme kan med god ret siges at være en del af ophavet til den type kulturkritik, som moderne kulturkritik og subjektfilosofi bygger på, ikke mindst gennem bindeledet Friedrich Nietzsche, hvis metafysikkritik også indebar en sprog-, logik- og subjektkritik og positivt indeholder idealet om jeg'et som det frit skabende individ, som udfolder sin vilje til magt gennem denne skaben. Nietzsches indflydelse på al kontinental tænkning og litteratur i det 20. århundrede kan næppe overvurderes. Nietzsche og moderne kontinental filosofi er romantikkens virkningshistorie.

trækker således lige så meget på eksistensfilosofiske ideer og Sturm und Drang som på specifikt romantisk tankegods, men romantiske motiver spiller en central rolle i formuleringen af det foretagende, som udgør romanens centrale hændelse; syv nætter og syv dødssynder.

Natten er rummet for S' manddomsprøve og er også det første romantiske motiv, jeg vil tage op til behandling. Den romantiske nat og iscenesættelsen af natten som rum for romantiseren er grundlæggende karakteriseret ved dette, at natten frigør sjælen, det ideale jeg, fra den tyngende last af det praktiske hverdagsliv og åbner det for refleksion og mystiske, religiøse og skrækindjagende erfaringer. Der er tale om bevidsthedsudvidende indsigter ind i tingenes og jeg'ets uendelige verdener. Et rum for følelser og irrationalitet. Romantisk, dynamisk refleksion frem for stiv snusfornuft hører også med til natten, der ikke er et rent umiddelbarhedens rum. Lader natten hverdags-jeg'et glide væk, så giver det det også en genfødsel i uendeligheden, som vi ser det hos Novalis i hans *Hymnen an die Nacht* fra 1800. Hos Novalis, digterkongen af dødssværmeri og metafysisk vellyst, er natten og det dunkle selve kilden til lyset og det værende.[7] Det vil jeg senere uddybe, men ser vi nu på *Sieben Nächte*, så sværmes der ikke mystisk-religiøst for natten som en brud, den sættes i stedet i scene som den en potenseret eksistentiel transcendens' rum, hvor jeg'et begriber sin frihed og de skjulte potentialer, som ligger gemt i dets dybder, hvorved det genfødes i sin uendelighed, hos Strauss i direkte konfrontation med den angst, som natten også bringer. "DET HER SKRIVER JEG AF ANGST"[8] sådan lyder *Sieben Nächtes* åbningssætning, og indledningen er en lang

---

[7] Jeg baserer her min tolkning af Novalis' *Hymnen an die Nacht* på Rüdiger Safranski i dennes bog om romantikken: Safranski, Rüdiger: *Romantik – Eine deutsche Affäre*, Fischer Tascgenbuch, 2015. Alle henvisninger til Safranskis bog markeres med RS.

[8] SN, s. 11. Alle citater markeret SN stammer fra Simon Strauß' *Sieben Nächte*, og står anført i min egen oversættelse. Strauss, Simon: *Sieben Nächte*, Aufbau Verlag, Berlin 2017.

udredning af denne angsts grunde, som kan opsummeres i sæt-
ningen "Jeg vil ikke være ingen".[9] S erkender, at først natten brin-
ger frygten for at være en ingen til syne, lader jeg'et erfare dets
intethed "[Natten] kaster mig tilbage på mit selv og lader be-
vidstheden forsvinde. Følte jeg mig netop stor og betydningsfuld,
er jeg nu mindre end lille. Et intet, en ingen."[10] S længes efter en
stærkere erfaring af sit jeg og en udvidelse af de grænser, som
den pragmatiske fornufts vagthunde, kynismen og ironien, i
hverdagen trækker for stramt, hvilket S beskriver humoristisk og
ironisk nok også med en vis kynisk-fortvivlet fryd ved destrukti-
onen af spidsborgerens ynkværdige verden: "Jeg er angst for æg-
teskabspagter og kvalm konferenceluft... for pensionsordninger
og spa-weekender i maj".[11] For S handler det om at genvinde,
hvad kynismen kvæler, nemlig eksistentiel patos:

> *Derfor denne nat. Derfor denne skriven. Den eneste kamp, der*
> *endnu lønner sig, er kampen for følelsen. Den eneste længsel, der*
> *endnu kan bære, er længslen efter det bankende hjerte. For meget*
> *land er tabt til kynismen, der lægger sine kolde fingre på alt...*
> *Men i virkeligheden udhuler den os, denne kynisme, borer sig*
> *dybt ind i vores indre og anlægger stoller, hvorfra den slæber ud,*
> *hvad der er oplagret dernede af kostbare skatte.*[12]

Ligesom natten er også kritikken af den kritiske rationalitets ky-
nisme, betoningen af fantasi og følelse over rationalitet ("Suverän
er den, som føjer over den stærkeste fantasi, ikke over den stær-
keste ratio")[13], tanker, som de tidlige tyske romantikere udviklede
i deres kritik af oplysningstænkningen. Dertil kommer, at mine-
metaforen for menneskets og verdens indre væsen er en direkte

---

[9] SN, s. 20

[10] SN, s. 22

[11] SN, s. 15

[12] SN, s. 15f

[13] SN, s. 19

reference til romantikken, og igen særligt til Novalis. Både i *Hymnen an die Nacht* og i romanfragmentet *Heinrich von Ofterdingen* fremstår minedrift ikke som den teknisk-beregnende

rationalitets udbytning af naturen, men i stedet som en ædel og ideal beskæftigelse, som en metafor for digterens arbejde. Hos Novalis er nattens mørke moderskød den hemmelige kilde til dagens lys, altså en *under-grund*: "Die kristallene Woge, die, gemeinen Sinnen unvernehmlich, in des Hügels dunkeln Schoß quillt ... in der Nacht Wohnsitz"[14]. Natten og minedrifts- og krystal-metaforen glider ud i et, som Rüdiger Safranski påpeger i sin behandling af Novalis i sin bog om den tyske romantik;[15] det mørke jordrige, den moderlige nats sæde, er ikke det rene ingenting, natten er som undergrunden fyldt med uendelige skatte, ædelsten og er for Novalis et sted for "himmlische Freyheit, selige Rückkehr".[16]

Der er med minedriftsmotivet i *Sieben Nächte* tale om en klar henvisning til Novalis, men Strauss sværmer ikke for individets opløsning (og genfødsel) i døden. I stedet finder en metaforisk udvidelse af jeg'et sted, en opvurdering af dets potentialer, i den skjulte kilde til liv i dets indre; følelse og fantasi.

Lad os se på Botho Strauss' *Der junge Mann*. Her spiller undergrundsmetaforen også en afgørende rolle. Romanens protagonist Leon er i bogens 4. kapitel på flugt efter at have været vidne til en allegori på Tysklands åndsmæssige tilstand efter 1945; en vedvarende og ubevægelig skumring og et større ligtog for den faldne suveræn gennem den park, hvor Leon sammen med en gruppe andre yngre mennesker, deriblandt sangskriverinden Yossica, tilbringer ventetiden med et symposion af disputter og indlagte fortællinger, der kan læses som selvstændige noveller.

---

[14] Novalis, s. 39. Henvisning til Novalis: *Hymnen an die Nacht*, Anaconda Verlag, 2006 [1800]

[15] RS, s. 122.

[16] Novalis, s. 40.

Leon flygter efter ligtogets ende i en kaotisk "time-strid[]"[17] ind i den "den romantisk-moderne, den illusionære del af parkanlægget".[18] Bogen igennem er Leon, også i de metamorfoser, hans karakter undergår, den "sendrægtige søger"[19] på romantisk jagt efter indvielse, først som instruktørspire ind i kunstens verden, så ind i samfundets regler, og siden i erotikkens verden[20].

Den romantisk-moderne park, som Leon gennemløber i kapitlet *Terrassen* er, som store dele af bogen, lige så meget en rumliggørelse af det kulturelle landskab af muligheder, inden for hvilke Leons søgen finder sted som af Leons eget livsforløb, psykologi og habitus.

I romanens første kapitel forlader Leon en stilling som assistent for sin far for at prøve sig som teaterinstruktør. Dette private brud og tab af grund under fødderne spejler det tyske brud efter 1945 med den kulturelle og litterære overlevering, som ligeledes udgør et tab af rødder og grund, af *Boden*, et grundet den nationalsocialistiske *Blut und Boden*-ideologi belastet begreb og motiv. I sammenhæng med rodløshedsmotivet står ansigtsløshedsmotivet; Leon er en "fri søgende",[21] altså en ubundet og ikke fastlagt person, men derfor også som ren mulighed en ingen, en ansigtsløs.

---

[17] DjM, s. 253

[18] Ibid.

[19] DjM, s. 153

[20] Jeg henviser her læseren til tekststederne for det oven for omtalte, henvisninger her som i resten af artiklen til den danske oversættelse, sidetal i parentes: Kunstens indvielse: Gaden (17), Almuts historie (208). Samfundet: Se Kolonien (93). Erotikkens nåde og indvielse: Den stående elskovspil (54), Handlersken på den høje kant (105). Min brors kone (132), Kærlighedslyset (154), Kvinden på færgen (185).

Jeg baserer min tolkning fra Heriette Herwigs tolkning af *Der junge Mann* i hendes artikel "RomantischerReflexionsRoman oder erzählerisches Labyrinth – Botho Strauß: Der junge Mann" I: Hrsg. Radix, Michael: *Strauss lesen*, Carl Hanser Verlag, München Wien, 1987

[21] DjM, s. 267

Leon forløses fra både ansigts- og rodløsheden, da han i en surrealistisk allegorisk scene efter sin lange flugt møder Yossica, den unge talentfulde sangskriverinde, som efter sin egen mislykkede initiation ind i kunstens verden (hele forhistorien kan ikke gengives her) ligger i skovbunden som *rent* ansigt, uden krop og med løs jord og løse rødder som baghoved. I mødet med det rene ansigt, som er personens sted, hvorfra det etiske har sit udspring i ansigtets absolutte andethed[22], forløses Leons egen ansigts- og rodløshed, da han beslutter sig for at tage vare på Yossica og give hende den jordbund, hun har brug for for at vokse ud til et helt menneskevæsen med både krop og ansigt. En indvielse i den højere kærlighed. Kapitlet og episoden slutter med følgende ord: "Ingen hensigt, kun ansigt"[23] signalerende Leons forløsning og hans romantiske søgen forløses tilsyneladende romantisk.

Leons møde med Yossicas ansigt udgør en klar reference til Novalis' roman *Heinrich von Ofterdingen*, som også citeres direkte kort før scenen med Leon og Yossica: "Ingen sten lå mere på noget menneskebryst, og alle byrder var sunket sammen i sig selv og blevet et fast gulv".[24] Her henvises til *Boden*-metaforen. Hos Novalis agerer Mathilde, datter af digteren Klingsohr, gennem kærligheden forløser for Heinrichs kald til sin skæbne, at bliver digter *og* konge. I den berømte drøm, som foregriber handlingen af resten af romanen, møder Heinrich Mathildes ansigt i en blomst, den blå blomst. Men hvor Mathilde hos Novalis muliggør forløsningen af det for romantikerne aktuelle epokale brud, nemlig oplysningstiden og den franske revolution, til en idealtilstand, hvor kærlighed og poesi hersker i verden, repræsenterer ønsket om en genvunden grund i *Sieben Nächte* og *Der junge Mann* primært et

---

[22] Den belæste læser vil bemærke at Strauss må formodes udover Novalis at have beskæftiget sig med den franske filosof Emmanuel Levinas' tanker. Der er desværre ikke plads til at uddybe og påvise parallellerne her, men at deres mulighed foreligger, bør være tydeligt.

[23] DjM, s. 267

[24] DjM, s. 260

"Wunsch nach Wirklichkeit". [25] Forløsningen af den moderne krise søges således *ikke* i en idealistisk utopi, men i stedet i en genvunden virkelighed af den problematiske subjektivitet. I *Der junge Mann* synes med slutningen på 4. kapitel *Terrassen* Leon og Yossica at forløses romantisk i en metafysisk kærlighed, men i det derpå følgende kapitel *Tårnet* skildres det, hvordan de to lever som par i realistisk skildret virkeligt, moderne parforhold med alle dets kampe og glæder i fælles vedholdenhed. Det kan vi se som en kontrast til og relativering af forløsningen gennem den højere kærlighed, men også som en konkretisering af, hvad den højere kærlighed faktisk består i, nemlig i virkelighed.

I *Sieben Nächte* ytres som citeret her ovenfor et ønske om virkelighed, hvilket ikke skal misforstås som et ønske om nøgternhed, der er ikke tale om en form for ny saglighed. Tværtimod ønskes er højere virkelighed og virkelighedserfaring:

> *Jeg vil mærke trangen til virkelighed igen, ikke kun trangen til virkeliggørelse. Jeg vil modet til sammenhæng, til den hele fortælling. Længe nok har vi beundret destruktionens sprænghoveder, nu er det igen tid til et par store arkitekter, til nybyggerier uden sammenstyrtningsfare. Hvor er I, som har lyst til at drømme og planlægge?* [26]

Talen om destruktionens sprænghoveder er en henvisning til den kritik af den moderne kynisme, jeg allerede har behandlet. Opfordringen til at begynde at drømme og planlægge falder sammen med en forstærket kritik af fornuftens regime; fortælleren S

---

25 SN, s. 17. Jeg baserer min tolkning på Franziska Schösslers artikel "Die Resurektion des Dichterkönigs – Zur Novalis-Rezeption in Botho Strauß' Der junge Mann". I: *Sprachkunst, Beiträge zur Literaturwissenschaft*, Jahrgang 30, 1999, 1. Halbband, Verlag der Österreichischen Akademie der Wissenschaften.

26 SN, s. 17

ytrer ønsket om nyvunden evne til "følelse, deltagelse og begej-string",[27] og den franske maler kubisten Georges Braque, at "be-viser trætter sandheden".[28] Kritikken rettes altså mod fornuftens indsnævring af virkeligheden og nedvurdering af drømmen, fan-tasien og følelsen. Den ønskede indvielses kerne er at genvinde virkeligheden af det magiske og dynamiske liv.

Der junge Mann - Romantisk form og poetik

Der junge Mann og *Sieben Nächte* er helt indlysende i deres udkast enormt forskellige, og det til trods for det åbenlyst parallelle i det overordnede tema og de fælles motiver, jeg har vist. Afgørende for forskelligheden er de poetologiske og formelle udgangspunk-ter; den ældre Strauss udfolder over 388 sider en hyperkompleks narrativ struktur med hyppigt vekslende fortællerfigurer og vekslen mellem homo- og heterodiegetisk fortælleform, og han lader hovedpersonen Leon Pracht og forskellige metamorfoser af denne karakter gennemløbe både realistiske fortællespor og alle-goriske drømmeverdener. I den unge Strauss' *Sieben Nächte* mø-der vi derimod en 1. personsfortæller, hvis subjektive og ubrudte perspektiv med undtagelse af et efterskrift behersker fortællin-gen, der forløber over 138 ikke alt for tæt trykte sider. Hos den ældre Strauss opløses subjektet for at samles igen, hos den yngre beholder subjektet gennem alle forsøg på at transcendere sin hverdagsform sin kontinuitet.

Fuldstændigt at afdække den narrative struktur i *Der junge Mann* kan ikke lade sig gøre i denne artikel, men jeg vil her for-søge at vise, hvordan *Der junge Mann* i struktur og ide (poetik) trækker kraftige veksler på særligt den tidlige romantiks ideer om, hvad poesi har potentialet til at være.

Der junge Mann har på den ene side i hvert fald på overfla-den ambitionen om en realistisk skildring af Leon Prachts udvik-ling fra ung instruktørspire over en omskiftelig tilværelse som sø-gende ånd i erotik og kunst til resigneret og rodfæstet arkivar. På

---

[27] SN, s. 16

[28] Ibid.

den anden side skildres gennem radikale forvandlinger af Leon Tysklands kulturide og mentalitetshistorie op til efterkrigstidens forbundsrepublik før murens fald. Dette muliggøres kun gennem en allegorisk fortælleteknik, der annonceres allerede i romanens indledning; "Allegorier. Initiationshistorier. RomantiskReflexionsRoman."[29] Allegorier lader historie og kulturelle billeder fra de forskelligste epoker i den diakrone tid opløse sig i et eller flere billeder, hvorved de skildres som samtidige, som synkrone.[30] Således fortælles i romanens tre midterste kapitler, Der Wald (Skoven), die Siedlung (Kolonien) og Die Terrasse (Terrassen) ikke først og fremmest en individuel psykologisk udviklingshistorie inden for historiske rammer, der fortælles gennem en række allegoriske fortællinger om kultur- og mentalitetshistorie i en temporal pærevælling. Af forskningen fremhæves denne fortælleteknik som udpræget romantisk; at romanen snarere end en sammenhængende fortælling udgør et virvar af fragmenter af historier, som igen og igen tager de samme temaer og motiver op i en syndig blanding af mytologi, kunst, litteratur, filosofi og religiøse billeder, som reflekteres igen og igen i ændret form, hvilket fører til, at tilsyneladende definitive konklusioner, som i historien om Yossica og Leon, relativeres og udvides. Alt dette lader Der junge

---

[29] DjM, s. 16

[30] I indledningen til Der junge Mann motiveres dette fortælletekniske greb gennem en lang række refleksioner over digtningens forhold til tid. Til dels fremvises overensstemmelse mellem den i moderne medier fremherskende synkrone tidsform, i form af en oplevet samtidighed af de forskelligste indhold, og det påpeges, at en skildrer af samtiden gør klogt i at tilpasse sig dens fremherskende tidsform, men der henvises også til digtningens rolle som forgæves bekæmper af den lineære tids uopholdelige forgængelighed og som modstander af samtidens nutidstvang og traditionsglemsel. Romanens tætte fletværk af intertekstualiteter fordrer af netop læseren et dyk ned i traditionens tid. Alt dette har jeg undersøgt i mit speciale "Die Zeit, ein Kind" – die Einleitung zu Botho Strauß' Roman Der junge Mann, eine Poetik der Zeit". Specialet tilsendes gerne den, som henvender sig.

Mann ligne en virkeliggørelse af Schlegels[31] projekterede roman-
tiske "progressive universalpoesi", hvis hovedelementer er ideen
om en sammensmeltning i poesien af alle genrer og discipliner,
en poesi som skal changere mellem billedet og refleksionen, og
reflektere gennem billeder.[32] Sammen med de allerede behand-
lede romantiske motiver, jord, ansigt, det gamle og det nye, som
romanen tager op, udgør den legende romantiske fortælleform
udgangspunktet for romanens livtag med den moderne virke-
ligheds polyfoni af perspektiver.

Simon Strauss – Det irrationelles fortaler? Et korrektiv til udlægningerne af Sieben Nächte

Udgangspunktet for denne artikel var, at både Botho Strauss
(først og fremmest i forbindelse med sin essayistik) og Simon
Strauss er blevet udsat for hård kritik i Tyskland og er blevet
stemplet som "Rechte", som ekstremt højreorienterede, og det
blandt andet med henvisning til brugen af ideer og motiver fra
den tyske romantik. Jeg satte mig for at undersøge, hvordan de
faktisk bruger romantikken i deres værker og om denne brug
med rette kan forbindes med en form for konservatisme. Det vil
her være nyttigt kort at skitsere sammenhængen mellem den ty-
ske romantik og den såkaldte konservative revolution, en intel-
lektuel bevægelse i 1920'ernes Weimarrepublik, som af en del
forskning og af Strauss-kritikere tilskrives en del af ansvaret for

---

[31] Hovedfortalere for denne tolkning er Henriette Herwig (Herwig: 269)
og Roland Jost. Henvisning: Roland Jost: *„Regressive Universalpoesie".* Von der
Erzählung *„Die Widmung" bis Zum Roman „Der junge Mann"* - Erschienen in:
Hrsg: Hansgeorg Schmidt-Bergmann: *Im Dialog mit der Moderne. Zur deutsch-
sprachigen Literatur von der Gründerzeit bis zur Gegenwart,* Frankfurt/M, 1986.

[32] Jeg baserer her min tolkning på Henriette Herwigs allerede nævnte arti-
kel og Nadja Thomas afhandling om forholdet mellem Botho Strauss og den
konservative revolusion: Thomas, Nadja – *„Der Aufstand gegen die sekundäre
Welt"* - *Botho Strauß und Konservative Revolution,* Verlag Königshausen und
Neumann GmbH, Würzburg, 2004. Alle henvisninger til Thomas markeres i
parentes med "Thomas". Se hos Thomas for forholdet mellem billede og begreb
side 115.

det anti-demokratiske klima, der muliggjorde nazisternes magt-overtagelse i 1933. Særligt Botho Strauss er blevet sat i forbindelse med den konservative revolution, også af seriøse forskere, mens Simon Strauss i *Die Zeit* ligefrem står under anklage for at tilhøre den.[33]

I første omgang skal det betones, at der inden for forskningen ingenlunde arbejdes med en homogen gruppe eller personkreds, som samlet går under navnet den konservative revolution. Grundlæggende skelnes der mellem overvejende politisk og overvejende æstetisk orienterede konservativt revolutionære.[34] Til den æstetisk-litterære konservative revolution kan alt efter begrebets bredde tælles digtere og forfattere som Hugo von Hofmannsthal, Ernst og Friedrich Georg Jünger, Rudolf Borchardt og også Thomas Mann i perioden omkring *Betrachtungen eines Unpolitischen*. Fællestrækket, som retfærdiggør at kæde disse så forskellige forfatterskaber sammen, er for forskningen udgangspunktet i en kraftig liberalisme- og oplysningskritik, samt opvurderingen af følelse, billede, kunst og kultur frem for fornuft, begreb, civilisation og positivisme[35], et dikotomisk skema, der kan sammenfattes i modsætningen mellem liv og ånd, sidstnævnte her forstået som den kritiske fornuft i kantiansk forstand. Mann og Hofmannsthal regnes ofte i en gruppe for sig, da de efterhånden formulerede sig frem til muligheden for et kompromis mellem oplysningstænkning (i bred forstand) og irrationalisme og æsteticisme. Den meget aktive og for bevægelsen prægende anden hovedgruppe består af politisk orienterede teoretikere og kulturfilosoffer som Paul de Lagarde, Julius Langbehn og Arthur Moeller van den Bruck. Til denne gruppe kan også tælles Oswald Spengler og Carl Schmitt. Centralt for både politisk og æstetiske orienterede revolutionært konservative var afvisningen af ideen om Tysklands og menneskehedens fremskridt gennem et på den

---

[33] Se igen (fodnote 16) Nadja Thomas afhandling om Botho Strauss og den konservative revolution og debatten i *Die Zeit* (fodnote 3)

[34] Thomas, s. 54ff.

[35] Thomas, s. 58.

enkeltes fornuftige egeninteresse grundlagt demokrati. Over for den moderne civilisation fremhævedes den nationale kultur og kunst, der skulle agere opdragere til national enhed,[36] med mere eller mindre tryk på det nationale. Fra den politiske romantik, herunder Novalis' politiske skrifter og Heidelberger-romantikerne Achim von Arnim, Clemens Brentano og Joseph Görres, overtog man ideen om staten som en organisme, hvis kerne udgøres af et af alle anerkendt højere princip, ideen om grundlæggelsen af et nyt folkefællesskab på en basis af en national mytologi samt idealiseringen af hierarkiske samfundsstrukturer frem for den uorganiserede horisontale kommunikation i demokratiet.[37] Med Rüdiger Safranski i dennes bog *Die Romantik – eine deutsche Affäre* kan vi se det sådan, at den tidlige romantiks transcendens-begær i poesi og religion senere fandt sig en genstand i det politiske, hos Novalis endnu i form af en mere universalistisk ide om individets plads i det store europæiske tros- og samfundsfællesskab, men senere med et klart nationalchauvinistisk islæt.[38] Den konservative revolution kan ses som en radikalisering af disse tendenser i tysk åndshistorie.

Som vist trækker både Simon og Botho Strauss i *Der junge Mann* og i *Sieben Nächte* på den romantiske tradition, både med hensyn til motiver, ideer og for Botho Strauss' vedkommende også ift. form og poetologi. Botho Strauss' samlede værk udgør en veritabel skov af udgivelser og spænder fra den i 1970'erne fejrede dramatik, over prosa- og tankefragments-samlinger, romaner og digte til den omdiskuterede og fascinerende essayistik med *Anschwellender Bocksgesang* fra 1993 og *Der Aufstand gegen die*

---

[36] Ibid.

[37] Fra den konservative revolution og dermed indirekte fra den politiske romantik overtog nazisterne væsentlige dele af deres ideologiske konstruktion, herunder ideen om das Völkische, det oprindelige mytologisk funderede folkefællesskab og sågar betegnelsen "Das Dritte Reich", titlen på Moeller van den Brucks hovedværk (Thomas, s. 66), men ikke eksempelvis antisemitismen og racebiologien.

[38] RS, s. 175.

sekundäre Welt fra 1999 som højdepunkter. Ubestrideligt har han i sin essayistik gjort sig til fortaler for *die deutsche Kulturnation*, ideen som formuleret af Friedrich Schiller og Novalis[39] om, at det tyske har rod i kulturen, i den højere kultur. I sit essay *Der letzte Deutsche* ytrer Botho Strauss sin store sorg over tabet af overleveringen, et tab, som ifølge ham ikke i første omgang skyldes masseindvandring, men derimod tyskernes og det moderne vestens selvglemsel og selvforagt. Dette er ikke stedet at gennemgå Botho Strauss' essayistik og dens politiske dimensioner, men det bør fremhæves, at Strauss ingen steder taler om en tysk kulturel overlegenhed, men blot betoner, at den tyske litterære overlevering er en skat, der glider mod glemslens tåger.

Mere givtigt end på dette sted at endevende Botho Strauss kulturkritiske essayistisk vil det være her at vende blikket mod Simon Strauss og *Sieben Nächte*. Er det på baggrund af hans debutroman rimeligt at attestere ham højreradikalisme og glorificering af militaristiske manddomsidealer? Eller kan han siges at formulere en ny konservatisme, som er forskellig fra tidens højrepopulisme? Kaster vi et blik på *Sieben Nächte* som et helhedsligt litterært værk og ikke som et politisk manifest, kommer en række interessante og oversete tolkningshorisonter til syne: Natten er som nævnt det rum, hvori romanen udspiller sig, natten tillader fortælleren S at opnå den overskridelse af det borgerlige liv og af hverdagens fornuftighed, hvilket han forventer sig et gennembrud af. Udkastet er således anti-konformistisk i radikal forstand. De syv dødssynder udgør dog ikke et reelt alternativ til den borgerlige fornuft, men blot et middel til at få adgang til det skjulte dyb af de følelser, erfaringer og kræfter, som S forventer kan føre ham til en mere egentlig virkelighedserfaring. Men vovestykket slår fejl, synderne fører ikke til gennembrud og frigjorte skaberkræfter: "Jeg lister mig hjemad. Endnu en dag uden gerninger. Og igen kun drømme om sammensværgelser, hemmelige selskaber og heltedåd."[40] Sådan ender hovmods-natten, og sådan ender

---

[39] RS, s. 176.

[40] SN, s. 36.

også de andre nætter; hovmodets spring i afgrunden er bare et bungy jump, fråseriet bliver ved kødspisningen som gestus mod samtiden, dovenskaben ender i rastløs kedsomhed i lejligheden, grådigheden i middelmådige indsatser og tilsvarende gevinster på travbanen. Der syndes næsten komisk beskedent og symbolsk. Den højere virkelighed, med intense lidenskaber og fantasi, får vi kun et kort glimt af i kapitlet *Wollust* (Vellyst), hvor S når til en midlertidig tilfredsstillelse gennem den anonyme erotiske intimitet i de døende timer af et maskebal.

Helt afgørende for tolkningen af de syv nætter er den sidste nats slutning i kapitlet *Jähzorn* (raseri), hvor S forlader natten for at træde ind i dagens lys og dermed giver afkald på det følelsernes og drømmenes ekstreme rum, som sætter rammen for hele romanen "Så vil jeg gøre det første skridt, gå ud på gaden. Jeg vil træde ud af den beskyttende nat og stille mig ind i dagens glitrende lys. Udlevere mig til mit livs bane".[41] Metaforisk er der tale om et (modvilligt, slæbende og betinget) valg af oplysning og fornuft. Men selvom natten dermed viser sig som blot en fase for S, udgør den stadig et nødvendigt korrektiv til den nøgterne fornufts dagslys. Nattens rum afskrives således ikke fuldstændigt; S efterlader os sin fortælling som " ... et spor til alle, som endnu har evnen til at lade sig ryste".[42]

Anden relativering af nattens rum og af følelsesdyrkelsen finder sted i efterskriftet til romanen, hvor S' skyggepartner T, initiativtageren til de syv nætter, melder sig til orde: "Tag mig det ikke ilde op, når jeg siger dig, at du ikke skal stole på følelsen, som du tror er din dør tilbage til eventyrland. Den er upålidelig og forskræmt, en forkælet skarnsunge".[43] T agerer her dagens og fornuftens stemme, opfordrer S til at træde ind i den fælles arbejdsverden og giver dermed anden del af svaret på S' tvivl i indledningen: "Men jeg ved bare ikke, om det i natten følte også vil

---

[41] SN, s. 129.

[42] Ibid.

[43] SN, s. 136.

have sin gyldighed om dagen."[44] Romanen ender således med et både-og, et betinget ja til natten og et betinget ja til dagen. Overses romanens slutning og relativeringen af nat-rummets tales gyldighed, kan det lede til eklatante fejllæsninger, som det eksempelvis ses hos danske Christian Johannes Idskov, der i tidsskriftet *Vagant* udråber romanen til "en kamp mod fornuften og en fuldtonet hengivelse til følelserne".[45]

Det virker på den baggrund uforståeligt og tragikomisk, at Strauss' kritikere udpeger ham som en skjult fortaler for det populistiske højre; de må formodes at have læst hele bogen, men noget tyder på, det ikke er tilfældet. Hvad der bliver tilbage af anklagerne, er, hvad de startede som; betoningen af løsrevne ord og sætninger, som S' drømmerier om "hemmelige selskaber, sammensværgelser og heltedåd" (Grabovac). Svært er det at gennemskue, hvordan den slags endnu helt luftige termer skulle kunne tydes som en sikker markør for protofascisme. Romanen formulerer som antydet tværtimod et kompromis mellem natten og dagen, mellem sværmerisk følelse, fantasi og æstetik og dagligdagens pragmatiske fornuft og logik, hvilket er på linje med, hvad både Hugo von Hofmannsthal og Thomas Mann nåede frem til i 1920'erne.

Findes der i *Sieben Nächte* drømme for samfundet, et muligt indhold til drømmen om heltedåd, så er det indhold, der entydigt placerer *Sieben Nächte* i en demokratisk diskurs. Som eksempelvis i kapitlet *Hochmut* (Hovmod), hvor S fantaserer om at bygge pladser for åben tale, ansigt til ansigt, med krav om klare meninger, ægte spørgsmål og lytten.[46] I denne sammenhæng nævnes også ansigtet, et motiv vi så hos Botho Strauss, men nu i betydningen offentligt optrædende individ. De nye pladser skal være steder for folk, "[s]om igen vil ansigter, ægte spørgen og reel lytten".[47] S' vision er en revitalisering af det offentlige politiske rum og den

[44] SN, s. 22.

[45] Idskov, 2018: http://www.vagant.no/den-romantiske-oprorer/

[46] SN, s. 32.

[47] Ibid.

demokratiske samtale som samtalen mellem tænkende og hinanden respekterende individer. Samtidig vil S en offentlig dyrkelse af det æstetiske, men ikke en æstetisering af det politisk rum; S drømmer om, at der inden alle offentlige arrangementer skal læses et digt op "... ikke en bøn, ingen nationalhymne – et digt, ligegyldigt fra hvilket land, på hvilket sprog…".[48] Tydeligere kan det næppe markeres, at den æstetiske diskurs i *Sieben Nächte* ikke består i en poetisering af det nationale.

Man kan altså ikke sammenligne Simon Strauss med den politiske del af den konservative revolution og dens dyrkelse af det mytologisk begrundede nationale ur-fællesskab.[49] Ej heller

---

[48] Ibid. I nævnte anmeldelse i *Vagant* af *Sieben Nächte* henviser Christian Johannes Idskov til, at S i kapitlet *Faulheit* (dovenskab) lader os høre en tale fra fjernsynet i sin lejlighed. Et smart kneb, mener Idskov, ordene er lagt i munden på en anden, men tilhører, må vi forstå, nok i virkeligheden S, eller måske endda Strauss selv. Talen åbner med udsagnet "De fremmede er en fare" (SN, s. 61). Strauss ved godt, hvad han gør, mener Idskov. Men resten af talen og S' reaktioner på den behandles ikke af Idskov, måske fordi det ville få hans insinuationer til at se mindre holdbare ud. Senere i talen siger taleren, som advokerer for det personlige forhold mellem nye og gamle borgere som erstatning for den upersonlige stat: "Men forholdet, løftet mellem to mennesker skaber tillid på tværs af kultur- og moralgrænser" (SN, s. 64). Et udsagn som ligger langt fra tidens højrepopulisme.

[49] I anmeldelsen af *Sieben Nächte* indrømmer Christian Johannes Idskov også, at man ikke kan knytte forbindelsen mellem Strauss og højreradikalisme i gængs forstand "Betyder det så, at Sieben Nächte er en fascistisk roman, som Die Zeit spurgte i januar? Nej, for den appellerer ikke til, at staten og folket sættes højere end det enkelte menneske. Den gør sig ingen tanker om at knytte mennesket til blodet og jorden". Men han ender alligevel med at kalde bogen en form for agitation for en højreorienteret modkultur: "Den forbinder ungdomsromantik med den tyske overleverings mørke sider for at finde frem til en kontrarevolution, der skal etablere en ny traditionsbevidst kultur fra højre"(Se fodnote 19). Det er besynderligt nok, at Strauss skydes i skoene at forbinde sig entydigt til den mørke side af *tysk* kultur. Her følger en liste af de i romanen citerede og nævnte forfattere (alle henvisninger er til SN): Gottfried Benn, Georges Braque (16), Claudel (Ibid.), Rilke (18), Schiller (36, 117), Bruckner (Ibid.), Maxim Gorki (43), Gramsci (46), Hemmingway, Fernando Pessoa (60), Truman Capote (67), Paul Celan, Stefan George (83), Robert Musil, Theodor Mommsen (87), Karl Kraus (91), Hans Fallada (106), Beckett (111), Zweig

findes hos Botho Strauss, trods dyrkelsen af mytologi, overlevering og den æstetiske erfaring som en hellig modverden til den flade modernitet, nogen besyngelse af den tyske nations kulturelle *overlegenhed*. Den form for konservatisme, vi finder hos både Botho og Simon Strauss består snarere i deres insisteren på, at den æstetiske og kulturelle overlevering udgør en nødvendig del af den tyske nation, og det trods alle *Boden*-metaforer ikke som grundlag for værdi- og identitetskontinuitet mellem dengang og nu, eller som udgangspunkt for politisk-romantiske utopier om en gylden national tidsalders genkomst. Ser vi på både Botho og Simon Strauss faktiske brug af romantikken, som har været undersøgt i nærværende artikel, udfolder forholdet til overleveringen sig derimod som en samtale.

I *Sieben Nächte* giver romantiske ideer og motiver S modet og viljen til en dynamisering af livet gennem genopdagelsen af fantasi og følelse og til at drømme om en ægte samtale i samfundslivet. Botho Strauss' *Der junge Mann* udforsker i et legende-romantisk spil med blandt andet romantikkens ideer og motiver, hvem mennesket er og kan være, og romantikken og dens erfaringer med tænkning efter epokale traditionsbrud sætter han ind i forsøget på at skildre det komplekse moderne tyske samfund efter *Stunde Null*. At både Botho og Simon Strauss i den tyske debat er blevet søgt reduceret til og affærdiget som politiske modstandere af den moderne liberale verdensorden, viser, at dele af det tyske kultur- og samfundsliv på radikal vis tænker anti-romantisk, romantik her forstået i Schlegelsk forstand; den hyperkomplekse virkelighed, værker som *Sieben Nächte* og *Der junge Mann* udgør, bliver simpelthen ikke opfattet, den politiske fornufts krav om entydighed negerer den æstetiske fornufts evne til at rumme det polyfone og mangetydige. Særligt *Der junge Mann*

---

(124). Denne liste beviser ikke noget, men viser spændvidden i Strauss' referenceramme, som ikke kun rummer modoplysningstænkere og æsteticister. Men citater kan tolkes egenrådigt, eks. udlægger Idskov på forbløffende vis S' Zweig-citat som en opfordring til, som Zweig, ikke at gøre oprør mod totalitære regimer.

lader ikke blot en romantisk søgen efter indvielse og overskridelse udspille sig, men kommenterer, som vi har set, også denne søgens egoismeproblem; Leon forløses først i mødet med et radikalt andet, med erkendelsen af sit jegs grænser og opdagelsen af den højere etiske kærlighed.

I Tyskland virker kampen mellem de liberale kræfter og deres modstandere som et sort hul, der suger alt til sig, moderate og konservativt-besindige positioner er ikke mulige, de falder som ofre for en radikalitetstvang, der skaber sine egne modstandere. Dette er den iboende meget simple bevægelse, som gør sig gældende i kritikken af både Botho Strauss og Simon Strauss. Citatet "I dystre tider er også en samtale om træer og blå blomster en forbrydelse." fra gruppen *Rich Kids Of Literature* i deres patosfyldte "opgør" med Simon Strauss afslører eksemplarisk denne politiserende og absolutistiske logik, der ikke tillader noget udenfor til dens egen binære verden.

Mads Lund Mikkelsen (f.1991) er ekstern lektor og cand.mag. i tysk og filosofi fra Aarhus Universitet med speciale i Botho Strauß og dennes roman Der junge Mann.

Japansk Højreradikalisme fra Yamagata til Abe

AF CAND.MAG. SIMON HESSELAGER JOHANSEN

Den 22. oktober blev Japans premierminister Shinzô Abe med et jordskredsvalg genvalgt til sin fjerde periode. Dette gør ham til den tredjelængst siddende premierminister i sit land efter 2. verdenskrig. Dette på trods af, at hans mere og mere sarkastisk navngivne det Liberale Demokratiske Parti på grund af massive korruptionsskandaler har set en stor del af sine ledende skikkelser hoppe af til et nyt parti ledet af Tokyos guvernør Yuriko Koike. Men selv hvis hun havde vundet valget, ville det stadig have fortsat Japans massive højreskred. Koike er nemlig medlem af samme neo-imperialistiske tænketank som Abe – Nippon Kaigi. Navnet betyder noget i retningen af "Japansk konference" eller "Japans højdepunkt".

Nippon Kaigis dagsorden er en genskabelse af det japanske kejserrige som var Asiens ledende militære stormagt fra 1868-1945. Abe har gennemført denne dagsorden konsistent. Den dagsorden inkluderer bl.a.: Artikel 9 i den japanske efterkrigsforfatning, der er blevet skrevet af den amerikanske besættelsesmagt, er blevet ændret, så det japanske hjemmeværn "Japan Self Defense Force" kan sættes ind i udenlandske konflikter. Dette har ført til en storstilet militær oprustning inklusiv konstruktion af de første japanske hangarskibe i efterkrigstiden. Offentligt TV er sat under bestyrelse af folk, der benægter Japans krigsforbrydelser under 2. verdenskrig og affejer beskyldningerne herom som allieret propaganda. Der er blevet indført en grad af offentligt hemmelighedskræmmeri og politiovervågning, der har været uhørt i efterkrigstiden·Officiel politik har genindført 1800-tallets imperialistiske ideologi i skolesystemet. Næste trin på Nippon Kaigis dagsorden bliver at få en ny forfatning i 2020. Det forventes, at denne nye forfatning vil ligge tættere på den, som var i kraft fra 1891 til Japans nederlag i 1945. Abe bliver genvalgt gang på gang, for hans økonomiske politik har ført til, at Japan oplever sin første reelle økonomiske vækst siden børskrakket i 1990'erne, der gjorde 90'erne til Japans "tabte årti".

Hvordan er det så sket, at det land, som i lang tid har været den første verdens mest kulturelt og offentligt pacifistiske, har oplevet en så gennemført rehabilitering af Aksemagt-nostalgisk politisk ideologi?

Japans radikale højredrejning kan for en vestlig iagttager ligne Kinas og Nordkoreas aggressive udenrigspolitik. Historien går dog helt tilbage til midten af 1800-tallet, det nøjagtige tidspunkt hvor Japan udviklede sig fra et feudalt landbrugssamfund til en moderne nationalstat. I processen udviklede Japans politiske elite ambitioner om at blive først Asiens og derefter verdens førende militære stormagt. Eliten var dog delt omkring, hvorvidt dette skulle gennemføres som et parlamentarisk demokrati eller et autoritært militærstyre.

Meiji-restorationen

Fra 1603 til 1867 var Japan under en militær regering, det såkaldte shôgunat. Under dette system var kejseren underordnet shôgunen, en militær krigsherre fra Tokugawa-dynastiet. Shogunatet havde ikke kun forenet landet under én regering efter lang tids borgerkrig, men også indført total kulturel, politisk og økonomisk isolation fra omverdenen. Konsekvensen var, at Japan dårligt havde udviklet sig i flere århundreder. Hvad var årsagen til denne isolationspolitik? I 1600-tallet ankom kristne missionærer til Japan, der succesfuldt fik konverteret mange japanere til kristendommen. Den daværende kejserinde og shogunatet var klar over, at kristne missionærer havde været første trin i den europæiske kolonisering af Amerika. De drog derfor konklusionen, at missionærerne var første trin i en koloniseringsmission. Derfor

94

blev kristendommen forbudt og enhver kontakt med verden udenfor også lagt under forbud.

Alt dette ændrede sig i 1853. I det år ankom en amerikansk ekspedition under Admiral Matthew Perry i de såkaldte sorte skibe. US Navy's skibe bombarderede flere japanske havnebyer og tvang Tokugawa-regimet til at underskrive et antal ulige handels-traktater. Disse traktater sikrede eksklusiv adgang til det japanske marked for amerikanske handelsfolk og gav endelig kristne missionærer retten til at prædike i Japan. En gruppe af unge samuraier, der opfattede Shogunatets myndighed som undergravet, startede i 1863 en politisk bevægelse ved navn Ishin Shishi ("mænd af højere formål"). Denne milits havde til formål at uddrive de vestlige kolonister og omvælte Tokugawa-regimet for at restaurere det praktiske monarki i Japan. Ikke alene blev den amerikanske flåde fordrevet fra Japan af Kiheitai, en guerillamilits der fungerede som Ishin Shishis militære fløj. Da den Amerikanske Borgerkrig begyndte i 1861, havde USA ikke ressourcer til at kæmpe en krig på den anden side af jordkloden samtidig, så Admiral Perry trak sine styrker tilbage fra Japan. I 1866 hyrede den sidste shogun, Yoshinobu Tokugawa, franske militære rådgivere fra Napoleon III's kejserrige til at modernisere shogunatets militær. Ishin Shishi mente, at hvis Vestens globale hegemoni var baseret på vestlig teknologi, var dette afhængig af vestlig filosofi og vestlige politiske institutioner kørt efter en sådan filosofi. Ishin Shishi erklærede Shogunatet krig med det formål at erstatte shogunen med et konstitutionelt monarki og en moderne nationalstat efter europæisk forbillede. Den japanske borgerkrig kendt som Boshin-krigen var begyndt. I denne konflikt blev shogunatet besejret af Ishin Shishis Kiheitai-milits. I 1868 blev en ny stat udråbt med kejser Meiji som overhoved. Kejser Meiji fik genforhandlet de traktater, USA havde påtvunget Japan, så de ikke længere var til ulige fordel for Amerika. Det nye kejserdømme blev fremhævet i statens officielle propaganda som en genoprettelse af den svundne guldalder fra før splittelsen og borgerkrigen. I praksis var "Meiji-restaurationen" snarere en revolution, der forvandlede et feudalt samfund til en moderne nationalstat. Flere yngre medlemmer af Japans elite inden for politik, forretning og militær blev derfor sendt på uddannelsesrejse til Europa. Disse ekspeditioner gik for det meste til Tyskland, den eneste europæiske stormagt der ikke havde nogen koloniale ambitioner i Asien endnu og derfor også var den eneste, som japanerne rigtig stolede på. Japan afskaffede så det feudale kastesystem, og den gamle adel blev reorganiseret i form af overhuset (kazoku) modelleret efter det britiske. Den nye nationalstats-ideologi krævede også én samlet religion gennem hele landet. Da den japanske folketro Shintô var unik for Japan var den også mest indbydende basis for en national identitet, og blev derfor udnævnt til national religion. Det hjalp også, at det japanske kejserhus ifølge folketroen skulle nedstamme i linje fra Shintô-panteonets modergudinde Amaterasu – hvorfor den nye stat promoverede en nationalistisk fortolkning af Shintô, hvor kejseren og hans familie blev genstand for tilbedelse som guddomme. Et sæt ritualer centreret omkring kejsertilbedelse blev indført og helligdomme dedikeret til både Meiji og tidligere kejsere oprettet. Ingen af delene fandtes i den traditionelle Shintô før Meiji-restaurationen.

Buddhismen var derimod importeret fra Indien og Kina og blev derfor totalt forbudt i en kort årrække. Den japanske buddhisme blev dog reddet af Kôsen Imakita (1816-1892), der var leder af den zenbuddhistiske reformbevægelse "Shin Bukkyo" (Ny Buddhisme). Imakitas nyskabelser bestod i at genfortolke buddhistisk lære til at passe ind i datidens moderne videnskab, gøre op med det strenge hierarki mellem lægfolk og munke samt afvise traditionel buddhismes pacifistiske moralkodeks. Imakita promoverede også sin Nye Buddhisme både som et unikt produkt af den japanske nationalkarakter og en universel religion, der afslørede verdens andre religioner som forvanskede udgaver af buddhismen. "Shin Bukkyo" kunne altså snildt anvendes som religiøst grundlag for ikke kun industrialisering og afvikling af det feudale system, men også militær oprustning, da krigsførelse nu kunne forsvares ud fra Japans pligt til at udbrede korrekt moralsk lærdom til resten af verden. Imakita tænkte også, at han kunne vende kristne missionærers egne argumenter imod kristendommen og vesten. Med andre ord havde Imakita reformeret den japanske zenbuddhisme til en passende statsreligion for en spirende kolonimagt. Derfor fik Imakita en højtrangerende post i det japanske kejserriges uddannelsesministerium.

Generalen mod demokraten

Japans interne splittelser var langt fra overståede. De tre højest rangerende Ishin Shishi havde nemlig hver deres vision for, hvilken retning landets fremtidige udvikling skulle tage: Takamori Saigô (1828-1877), Hirobumi Itô (1841-1907) og Aritomo Yamagata (1838-1922). Yamagata var tidligere øverste kommandør for Kiheitai og nu feltmarskal i den nyligt dannede Kejserlige Japanske Hær. Denne hær havde Yamagata organiseret efter tysk forbillede og indført værnepligt for at kunne oprette. Værnepligtens indførelse førte ikke kun til afvikling af samurai-standens privilegier og ret til at kunne bære våben. Yamagata havde også indført totalt forbud mod privat våbenbesiddelse. Dette kunne Saigô, hans tidligere næstkommanderende i Kiheitai, ikke acceptere. Derfor dannede Saigô sin egen private milits med det formål at opnå national selvstændighed for sin hjemprovins Satsuma og erklærede i 1876 krig mod Meiji-regeringen. Yamagatas Kejserlige Japanske Hær nedkæmpede et år senere det såkaldte Satsuma-oprør i slaget ved Shiroyama i 1877.

Yamagata var dog ikke så meget mere moderne end Saigô. Hans politiske filosofi var stadig i bund og grund elitær og antidemokratisk med udgangspunkt i samme feudale æreskodeks, hvor stat og militær var underlagt monarken og ikke folket. Han var også det ældste medlem af Genrô (Ældre Statsmænd), kejserens indre cirkel af rådgivere, der bestod af syv Ishin Shishi-veteraner. I den position gjorde han alt for at skærme militæret fra at skulle stå til politisk ansvar over for civile myndigheder. Yamagatas erklærede ideal var "transcendent regering", hvor en lille oplyst elite hævet over de forskellige befolkningsgruppers særinteresser regerede. Denne elite skulle så regere ud fra princippet *kazoku kokka* ("familiestaten"). Med dette begreb tænkte Yamagata monarkens rolle som stående i spidsen for nationalstaten på samme måde som en fader i spidsen for sin familie. Med andre ord udgjorde kejseren og de ældre statsmænds råd den oplyste elite, hvis magt skulle gå forud for partipolitik. Den religiøse tilbedelse af kejseren og hans familie som levende guddomme blev i Yamagatas ideal om familiestaten grundlaget for det politiske system. Militæret skulle så tjene som instrument til at håndhæve kejserens vilje og var derfor vigtigere end nogen anden politisk gruppering. I 1882 skrev marskal Yamagata sammen med Kejser Meiji det *Kejserlige Efterskrift til Soldater og Sømænd*, som alle japanske værnepligtige skulle lære udenad. Efterskriftet påbød hver tjenestemand at være loyal over for kejseren frem for folket og inkluderede som påbud Yamagatas personlige motto: *Pligten er tungere end et bjerg, men døden lettere end en fjer* (der under 2. Verdenskrig blev brugt til at retfærdiggøre selvmordsangreb). Yamagata blev selv premierminister i 1889-1891 og 1898-1900. Begge hans kabinetter bestod hovedsageligt af andre militærofficerer. I 1891 fik Yamagata ændret Meiji-forfatningen fra 1885, så kun tjenende officerer kunne blive krigs- og marineministre. Formålet bag denne forfatningsændring var angiveligt, at soldaterne og sømændene ikke ville blive sendt i krig af politikere, som ikke ofrede noget personligt ved deres beslutninger. I praksis betød det dog, at det japanske militær ikke længere stod til noget ansvar over for andre civile myndigheder end kejseren og hans rådgivere. Militæret var nu i stand til at vælte et helt regeringskabinet ved at nægte at opstille ministre. Dette skete første gang i 1912, da krigsminister General Yûsaku Uehara sagde op, fordi han ikke fik så højt et budget til hæren, som han ønskede. Yamagata nægtede at nominere nogen af sine underordnede generaler som erstatning. Den daværende premierminister Kinmochi Saionji var derfor nødt til at gå af, og admiral Gonnohyôe Yamamoto afløste Saionji som premierminister 1913-1914.

En anden hjørnesten i Yamagatas verdensbillede var overbevisningen om en kommende global racekrig mellem asiater og hvide. Flere ting skabte dette verdensbillede hos Yamagata: Den første var, at han havde hørt om den europæiske kolonisering af Amerika og Australien og vurderet, at en lignende skæbne ville hænde Asien, hvis et asiatisk land ikke blev til en militær stormagt, der var i stand til at besejre enhver europæisk stormagt. Udover det havde han internaliseret den socialdarwinistiske verdensopfattelse af global politik som en evolutionær kamp for overlevelse mellem forskellige menneskeracer, som var udbredt blandt vestlige imperialister på hans tid. Yamagata var altså hovedansvarlig for at introducere biologisk racisme baseret på 1800-tals-socialdarwinisme i den japanske nationalisme. Dette blev forstærket af, som artiklen senere vil demonstrere, at de vestlige kolonimagter op igennem Meiji- og Taishô-æraen nægtede at behandle Japan som ligeværdigt. På længere sigt førte det også til at annekteringerne af Taiwan og Korea blev præsenteret som beskyttelse og befrielse fra vestlige imperialistiske interesser samt Japans indtræden i 2. Verdenskrig. En af de sidste ting, Yamagata gjorde, før han døde i 1922, var netop at optegne strategiske planer for fremtidige krige mod USA og Storbritannien. Men han var altså også ansvarlig for den officielle fortælling om, hvordan Japans koloni-imperium i virkeligheden repræsenterede et forsøg på at forene de asiatiske folkeslag imod hvid vestlig imperialisme. Den japanske regering benægtede, at der var tale om kolonialisme. Et kort kig på Yamagatas dagbøger viste dog, at han klart opfattede japanerne som overlegne i forhold til de andre asiatiske etniske grupper.

Der var kun én politiker i 1800-tallets Japan, der havde magt nok til at kunne udfordre Yamagata: Japans første premierminister Hirobumi Itô, den mest liberale af de ældre statsmænd i Genrô. Itô sigtede mod et parlamentarisk demokrati efter britisk model. Han var ansvarlig for, at premierminister-embedet overhovedet blev dannet i 1885. I 1889 skrev Itô Meiji-forfatningen efter britisk og tysk forbillede. Hans politiske filosofi tog udgangspunkt i et skarpt skel mellem nationens samfundsstruktur (*kokutai*) og regeringens politiske system (*seitai*). Dette betød, at regeringen ikke nødvendigvis repræsenterede sit lands eksisterende værdigrundlag og i den konkrete politiske situation her og nu var nødt til at afvige fra denne. Itô opfattede nemlig ret-tighedsbaseret tankegang som noget unikt europæisk, afledt af kristen tankegang. Ergo, tænkte Itô, ville naturrets-baseret lov-givning ikke kunne fungere i praksis i et land, hvis officielle kul-turelle værdigrundlag lå i buddhistisk-shintôistisk religiøsitet i stedet for jødisk-kristen monoteisme. Da Itô selv var ateist frem for buddhist, benyttede hans Meiji-forfatning verdslige hentyd-ninger til national karakter snarere end nogle religiøse værdier. I begyndelsen var Itô imod politiske partiers dannelse og stillede derfor op som løsgænger. I 1898 samlede størstedelen af opposi-tionen til hans tredje kabinet sig i ét parti, Kenseitô (Grundlovs-partiet). Samme år blev partiets leder Shigenobu Ôkuma premi-erminister, og så var Itô nødt til at danne sit eget parti Rikken Seyûkai (Forbund For Politisk Venskab) i 1900 for at kunne gen-erobre magten. Yamagata, der var erklæret modstander af parla-mentarisk demokrati og politiske partier, tilgav aldrig Itô dette.

Yamagata markerede sig hurtigt som et af sin generations største militærgenier efter at have ledt succesfulde krige mod Kina i 1894-1895 og Rusland i 1905, der gjorde henholdsvis Tai-wan og Korea til japanske kolonier. Den første kinesisk-japanske krig og den russisk-japanske krig, der begge blev udkæmpet over Korea, viste sig at blive nøglebegivenheder i dannelsen af det ja-panske kejserriges nationale identitet.

Den første kinesisk-japanske krig startede med et bondeop-rør mod kong Gojong af Korea. Han anmodede om hjælp fra kej-ser Guangxu af Kina, der sendte 2.800 soldater under general Yuan Shikai til Korea. Den daværende japanske regering under Hirobumi Itô påstod, denne intervention var i strid mod Tientsin-traktaten mellem de tre lande, fordi Japans regering ikke var ble-vet påmindet om landsætningen af de kinesiske tropper forinden. Japan sendte så 8.000 soldater til Korea og indkaldte til stormøde mellem Japan, Kina og Korea. Japans regering havde dog heller ikke spurgt Korea om tilladelse til at sende deres tropper derover, så den koreanske regering krævede, at den japanske hær trak sig tilbage. I juni 1894 indtog den japanske hær Seoul og arresterede kongen. En ny Japanvenlig koreansk regering blev udråbt i juli måned. Kina nægtede dog at anerkende den nye regering, og militærstyrker fra de nærmeste kinesiske provinser Beiyang, Nanyang, Fujian og Guangdong blev indkaldt og sat ind mod japanerne. Ved søslaget om Yalu-floden d. 17. september 1894 blev Beyiang-flåden besejret af den japanske flåde, der nu havde totalt herredømme over Det Gule Hav.

Korea var nu på papiret befriet fra sin status som kinesisk vasal. I praksis blev Korea hurtigt underlagt japanske interesser. Kong Gojongs enke, dronning Min, der modsatte sig japansk indflydelse over Korea, blev nemlig d. 8. oktober 1895 snigmyrdet af japanske lejesoldater hyret af Gojongs mere japanskvenlige fader Heungseon Daewongu og den japanske general Gôro Miura. Mordet på dronning Min viste sig senere at have skæbnesvangre konsekvenser.

I 1895 blandede Rusland, Frankrig og Tyskland sig diplomatisk i denne konflikt. Den såkaldte Trippel-Interventions-traktat blev underskrevet d. 23. april 1895. I denne traktat blev de områder på det kinesiske fastland, som Japan havde erobret, hovedsageligt Liaodong-halvøen, lagt under henholdsvis russisk, fransk og tysk styre. Japans regering drog to konklusioner herfra. Den første var, at Japan havde gjort sig fortjent til at overtage Kinas plads som Asiens førende stormagt. Den anden var, at Japan ikke kunne stole på Vesten overhovedet. De vestlige stormagter havde nu forrådt Japan ved at annullere Shimonoseki-traktaten, hvor Kina havde accepteret annekteringen af Liaodong, og tvunget Japan til at afgive alle deres erobringer bortset fra Taiwan. Dette bekræftede Yamagatas overbevisning om, at hvis Japan skulle undgå at blive koloniseret af Vesten, var landet nødt til at udvikle sig til en kolonimagt, der var i stand til at kunne udfordre alle vestlige stormagter militært. Yamagatas syn på udenrigspolitik var nemlig drevet af idéen om, at national selvstændighed afhang både af "suverænitetens linje" (*shukensen*), det vil sige landets egne grænser, og "fordelens linje" (*riekisen*), det vil sige indflydelse på nærliggende lande. Da Yamagata blev premierminister i 1890, erklærede han i sin åbningstale i Roger Hacketts oversættelse:

The independence and security of the nation depend first upon the protection of the line of sovereignty and then the line of advantage. . . If we wish to maintain the nation's independence among the powers of the world at the present time, it is not enough to guard only the line of sovereignty; we must also defend the line of advantage.[1]

Med andre ord var hver nation nødt til at udvide sit territorium og underlægge sig nabolandene, hvis den overhovedet skulle overleve som selvstændig stat. Stadfæstelsen af denne doktrin banede vejen for den russisk-japanske krig 10 år senere, der blev begyndelsen til enden for Koreas nationale selvstændighed ind til 2. verdenskrigs afslutning. I de følgende år oprettede det russiske kejserrige under Nikolaj 2. flere og flere militærgarnisoner i Manchuriet tæt på den koreanske grænse. Rusland var nemlig nødt til at opnå herredømme over en by på Stillehavskysten, der lå tilstrækkeligt langt mod syd, hvis russerne overhovedet skulle være i stand til at udøve militær magt i Asien. Valget faldt på Lüshun på Liaodong-halvøen. Denne by blev erobret af Japan under den første kinesisk-japanske Krig, men Japan var nødt til at overgive Lüshun ved Trippel-Interventions-Traktaten. Lüshun blev nu omdøbt til Port Arthur. I 1902-1903 erobrede Rusland mere og mere af Manchuriet. Hirobumi Itô forsøgte at forhandle flere kompromiser med russerne, der alle blev afvist. For en sikkerheds skyld fik Itô underskrevet en midlertidig militær alliance med Storbritannien, så ingen anden europæisk stormagt ville komme til Ruslands undsætning i tilfælde af krig mellem Japan og Rusland. Det ville nok ikke overraske nogen nutidig observatør, at et kig gennem zar Nikolaj 2.'s dagbøger afslører konstante beskrivelser af japanerne som "infantile aber" og den overbevisning, at intet asiatisk land i moderne tider ville erklære krig mod en hvid nation. Til zarens store overraskelse erklærede Japan krig mod Rusland d. 8. februar 1904.

---

[1] Hackett, Roger F.: Yamagata Aritomo in the Rise of modern Japan, 1838-1922, Harvard University Press, 1971, s. 138

Dagen efter angreb den japanske flåde den russiske stillehavs-flåde ved Port Arthur. Den japanske hær gik i land i Korea i løbet af foråret og fik fordrevet den russiske hær langt ind i Manchuriet gennem maj måned. I oktober 1904 blev resten af den russiske flåde sendt hele vejen over på den anden side af jordkloden for at forsvare de militærbaser i Manchuriet og Korea som stadig lå un-der russisk kontrol, men lige lidt hjalp det: I januar 1905 overgav Port Arthur sig officielt til Japan. Den russiske flåde iværksatte et modangreb med de nyankomne forstærkninger, men dette endte d. 27. maj med, at størstedelen af de tilbageværende russiske krigsskibe blev sænket af den japanske flåde ved Tsushima-stræ-det. Zaren var chokeret og rystet over at have set sit militær be-sejret af et folk, han opfattede som undermennesker. Rusland var ikke kun blevet besejret som det første europæiske land i mo-derne tid af et asiatisk land, men var også på den økonomiske fallits rand. Aritomo Yamagata og hans ligesindede japanske so-cialdarwinister var begejstrede. Hvilket bedre bevis kunne der være for, at japanerne ikke kun var en stærkere race end hvide, men også end andre asiater? Hvilke andre kunne have nået så langt, fra isoleret landbrugsnation til en af verdens førende mili-tære stormagter, på så kort tid? Da russerne nægtede at betale de krigsskadeerstatninger, Japan krævede, blev USA's præsident Theodore Roosevelt i september 1905 tilkaldt for at forhandle Portsmouth-fredstraktaten, der endte med, at Japan var nødt til at give størstedelen af deres erobringer i Manchuriet tilbage til Rusland. Japans regering drog igen to konklusioner fra krigens slutning: For det første havde den russisk-japanske krig opfyldt håbet om, at Japan kunne konkurrere med de europæiske stor-magter militært. For det andet blev de overbeviste om, at brutal magtanvendelse var det eneste middel, som vestlige magthavere ville anerkende, hvis de nogensinde skulle respektere noget asia-tisk land som ligeværdigt. Aritomo Yamagata havde gennem hele sin politiske karriere været fortaler for netop disse to stand-punkter.

Yamagata blev overbevist om, at hvis Japan ikke annekte-rede Korea fuldt ud, ville Rusland gøre det og invadere Japan bagefter. Samtidig dedikerede han resten af sit liv til at planlægge fremtidige krige mod Storbritannien og USA, planer der senere ville blive anvendt under 2. Verdenskrig. Itô Hirobumi modsatte sig forslaget om annektering af Korea, så i 1905 fik Itô som kompromis underskrevet den japansk-koreanske traktat. Korea blev nu et japansk protektorat med Itô som generalresident. Kong Gojong, der i mellemtiden havde ændret titel til kejser, modsatte sig traktaten og abdicerede i 1907. Hans søn Sunjong, der var mere positivt indstillet over for Japan, besteg tronen bagefter. I 1909 fik Yamagata gennemtvunget en afstemning om annektering af Korea i det japanske parlament, der stemte for. Itô var nu nødt til at godkende planerne for annektering, der var blevet udtænkt af Yamagatas politiske lærlinge Tarô Katsura og Jutarô Komura. Itô gik kort tid efter af som premierminister med dårlig samvittighed over, at han havde gået med til annekteringen af Korea.

I oktober 1909 tog Itô på diplomatisk rejse til Manchuriet for at mødes med den russiske diplomat Vladimir Kokovtsov. I Manchuriet blev han snigmyrdet af den koreanske nationalist Ahn Jung-geun. Ved sin rettergang forsvarede Ahn mordet på Itô Hirobumi som hævn for en lang række ydmygelser af det koreanske folk. Annekteringen af Korea var kun dråben, der fik bægeret til at flyde over. Han nævnte selv snigmordet på dronning Min i 1895 som begyndelsen på det japanske tyranni over Korea· Ahn havde håbet, at hans handling ville åbne kejser Meijis øjne for, hvad hans eget land havde gjort mod Korea, og ændre Japans udenrigspolitiske kurs. I værste tilfælde håbede Ahn, at mordet ville fremprovokere et indgreb fra andre stormagter imod den japanske besættelse af Korea. I stedet gik udviklingen den stik modsatte retning: Mordet på den relativt moderate Itô havde nemlig efterladt militaristen Yamagata som den mægtigste japanske politiker.

På trods af at kejserriget Japan stadig var et konstitutionelt demokrati med politiske partier, var hæren og flåden nu de største politiske magtfaktorer i Japan. De reelle politiske diskussioner og stridigheder foregik nu i de forskellige hemmelige loger, der var opstået inden for militæret, såsom Genyosha og Kokuryu-kai.

Sidstnævnte loge, hvis navn betyder "De Sorte Dragers Selskab", var en international paramilitær organisation, der promoverede Japans udvidelse over det asiatiske fastland og fungerede som en milits, der udøvede selvtægt. Både det japanske gendarmeri (*kempeitai*) og militære efterretningstjenester rekrutterede en stor del af deres personale fra De Sorte Drager.

Fra svagt demokrati til militærjunta

Kejser Meiji havde været karismatisk og kompetent nok som politiker til at trodse militæret. Han døde i 1912, og hans søn Taishô overtog tronen indtil 1926. Kejser Taishô var i modsætning til sin far plaget af dårligt helbred og havde været det siden sin barndom, hvilket gjorde ham ude af stand til at deltage aktivt i politik. Under hans regeringstid blev der forsøgt en højere grad af reelt demokrati, end Japan nogensinde havde haft før. Manden bag Taishô-demokratiet var førnævnte Kimmochi Saionji (1849-1940), der i Meiji-tiden havde været Hirobumi Itôs politiske højre hånd. Saionji var tilmed det eneste af de overlevende Genrô-medlemmer, der var tilnærmelsesvist liberalt indstillet. Saionji brugte sin ærkerival Aritomo Yamagatas død i 1922 som anledning til at give mere indflydelse til de politiske partier. Stemmeretten blev udvidet til alle mænd over 25, og i parlamentet fik det valgte underhus mere indflydelse end overhuset, der bestod af adelige. Men selv efter Yamagatas død dominerede hans ideologiske lærlinge fortsat magtpolitikken i kulissen. Reaktionen fra det yderste højre skete for alvor især efter Taishôs søn Showa blev ny kejser i 1926. Showas opdragelse havde nemlig været domineret af militæret, snarere end af sin egen familie. Admiral Heihachiro Tôgô havde tjent som hans personlige lærer. Da den Store Depression ramte Japan i 1929, kunne militaristerne overbevisende skyde skylden på den kortvarige liberalisering, Saionji havde indført under kejser Taishô. Nu var scenen sat for, hvad japanske historikere i dag kalder "Kurai Tanima" (Den Mørke Dal), hvor Japan for alvor startede en radikal højredrejning fra de facto til de jure militærstyre. Denne udvikling accelererede yderligere efter flere snigmordsforsøg fra højreradikale terrorister på liberale premier-ministre, især det på Osachi Hamaguchi i 1930. I 1932 var Saionji nødt til at gå af som premierminister, en post som blev overtaget af admiral Makoto Saito. Efter Saionji gik af blev han dræbt under et fejlslagent militærkup af endnu mere ideologisk ekstreme officerer den 26. februar 1936, der ikke ramte deres planlagte mål, den daværende premierminister admiral Keisuke Okada. Og Okada undgik selv samme skæbne som premierminister Tsuyoshi Inukai, der blev myrdet af højreradikale officerer i 1932. Det var efter militærets beslutning og uden for den civile regerings indflydelse, da kejserriget Japan i 1933 meldte sig ud af de Forenede Nationers forgænger Folkeforbundet og i 1937 for anden gang invaderede Kina.

Overgangen fra konstitutionelt monarki og svagt demokrati til åbenlys militærjunta blev fuldendt i 1940, da premierminister Fumimaro Konoe – der også var ansvarlig for Japans indtræden som aksemagt – besluttede sig for at opløse alle nationens partier og danne en etpartistat under *Taisei Yokusankai* ("Forening til Styrkelse af Kejserligt Styre"). Konoe modsatte sig dog alligevel flåde-angrebet på Pearl Harbor i 1941, og så var han pludselig nødt til at gå af på militærets befaling – nøjagtigt som Itô og Saionji have gjort før ham. Den aktivt tjenende general Hideki Tôjô afløste Konoe som premierminister under størstedelen af krigen. Under krigen markerede kejserriget Japan sig som den mest brutale og totalitære af aksemagterne. Ikke alene blev massakren på kinesiske civile og massevoldtægt af kvinder i Nanjing bedst kendt for at have stødt selv NSDAP – det skyldtes faktisk den tyske forretningsmand og dedikerede nazist John Rabe, at nogen kinesiske civile overhovedet overlevede· Enhed 731, et hemmeligt laboratorium for forskning inden for biologisk krigsførsel i Manchuriet, der under generalløjtnant Shirô Ishiis ledelse begyndte at eksperimentere på mennesker *før* Josef Mengele gjorde det i Auschwitz-Birkenau. Alligevel, for at videreføre Aritomo Yamagatas fortælling om en forenet asiatisk front mod den vestlige imperialisme, erklærede Hideki Tôjô i 1943 oprettelsen af en "Stor-Østasiatisk Velstands-Sfære" sammen med de pro-japanske marionetregeringer i Burma, Filippinerne, Kina, Manchuriet samt den pro-japanske indiske nationalist-guerillaleder Subhas Chandra Bose og den eneste uafhængige stat, Japan havde som allieret i Asien, nemlig Thailand.

Under 2. Verdenskrig blev en organisation ved navn Operation Guldlilje oprettet, et foretagende der skulle vise sig at blive muligheden for Japans yderste højrefløj til at overleve krigen. Guldlilje blev udtænkt i samarbejde mellem den kejserlige Prins Chichibu, den japanske hærs general Tomoyuki Yamashita og spionchefen Yoshio Kodama. Operation Guldliljes formål var at smugle plyndret guld og andre værdigenstande fra det asiatiske fastland til hemmelige baser i det besatte Filippinerne. Her blev værdierne smeltet om til guldbarrer og brugt til at finansiere krigens fortsættelse. Kodama havde i 1930'erne været både et højtrangerende medlem ikke bare af den førnævnte loge Kokuryukai, men også af yakuzaen– Japans modstykke til mafiaen – og den højreradikale terroristorganisation Kokusui Taishuto ("Patriotisk Folkeparti"). Da han blev arresteret af det japanske gendarmeri for at have deltaget i planlægningen af et fejlslagent attentat på premierminister Saionji blev Kodama kun løsladt på den betingelse, at han ville arbejde for Japans militære efterretningstjeneste som spion i det besatte Kina. Som mafioso havde Kodama nemlig oparbejdet et komplekst netværk af kontakter til stort set hele den kriminelle underverden i Kina. Yamashita og Kodama fik planlagt og bygget et større system af underjordiske tunneller, hvor det guld og andre ædelmetaller, som det japanske militær havde plyndret, kunne opbevares. Hensigten bag dette hemmelige guldlager var denne, at hvis Japan tabte krigen militært, ville landet ikke gøre det økonomisk. I så fald ville det gemte guld nemlig kunne fragtes tilbage til Japan og anvendes til at finansiere genopbygningen af landets infrastruktur.

Efterkrigstiden

Efter at Japan som den sidste af aksemagterne overgav sig til de allierede, blev landet besat af USA med general Douglas MacArthur som guvernør. MacArthur designede den nye stat efter amerikansk forbillede og skrev selv den japanske forfatning, som anvendes den dag i dag. Den nye forfatning sikrede en fungerende tredeling af magten og reelt parlamentarisk demokrati. Den nye forfatnings artikel 9 har siden da forbudt Japan at opretholde en hær, som kan anvendes til angreb, hvorfor landet i dag kun har det såkaldte Self-Defense Force. Kejseren var nødt til at indrømme, at han alligevel ikke var en gud på national radio i en tale, som MacArthur havde skrevet, men omhyggeligt overvejet, så den kunne fortolkes på flere måder. Det vigtigste var, at kejseren stadig officielt, sagde han, var af guddommelig afstamning, selvom han ikke var en guddom bogstavelig talt. MacArthur havde nemlig forsøgt at sikre den japanske befolkning en så gnidningsløs overgang til et vestligt fungerende parlamentarisk demokrati som muligt, og derfor ville kejserdømmets religiøse betydning ikke blive afmonteret totalt.

Japan gennemgik dog ikke i samme skala nogen pendant til den tyske afnazificering, selvom de mest berygtede japanske krigsforbrydere som Hideki Tôjô, Tomoyuki Yamashita og Masaharu Honma blev fundet skyldige og henrettet ved Tokyo-tribunalet. Da den Kolde Krig så småt stod for døren, havde Douglas MacArthur nemlig brug for rådgivere, som rent faktisk var vant til at forberede sig på krig imod Sovjetunionen. Kodama blev frigivet af USA i 1948 på to betingelser. Den første var, at han hjalp CIA med at finde det plyndrede Guldlilje-gods i Filippinerne. Den anden var, at han anvendte sin egen spionage-erfaring til at dirigere CIA's asiatiske operationer. Kodama anvendte indtægten fra sit nye job til at blive en af de største pengedonorer til det nye Japans største konservative parti, det Liberale Demokratiske Parti.

Så kom Koreakrigen. MacArthur havde nu brug for råd fra veteraner fra den militærstyrke, som rent faktisk havde erobret og besat den koreanske halvø i 50 år – nemlig den japanske hær.

Derfor besluttede MacArthur sig for at benåde flere japanske krigsforbrydere. En af dem var førnævnte Shirô Ishii, der var verdens førende ekspert inden for biologisk krigsførelse. En anden var en forretningsmand, som senere skulle betale regningen for japansk højreradikalismes overlevelse i efterkrigstiden: Ryôichi Sasakawa. Han var tidligere medlem af både Kokusui Taishuto og det japanske parlament. Som bygherre havde Sasakawa også opbygget et forretningsimperium gennem konstruktionen af japanske militærbaser i 1930'erne. Derfor kom han også til at finansiere og planlægge opbygningen af USA's militære infrastruktur i Sydkorea.

Sasakawa blev en af de mest magtfulde forretningsmænd i efterkrigstidens Japan. Udover at have iværksat opbygningen af USA's militærbaser blev han også hovedansvarlig for at genopbygge landets skibsindustri via "Japan Shipbuilding Industry Foundation". Som arrangør af lotteri og sport var han tilmed hovedperson for at danne "Japan World Karate Federation", der blev dannet i 1970. Det Liberale Demokratiske Parti blev hurtigt afhængig af Sasakawa som en af deres største pengebagmænd, ligesom Kodama. En vestlig pendant ville være Fred Koch i USA. Sasakawa var også en af initiativtagerne bag den internationale NGO World Anti-Communist League (WACL), der siden 1966 har promoveret NATO's interesser uden for det nordatlantiske område. Han orkestrerede støtte til antisovjetiske og NATO-venlige politiske bevægelser i tredjeverdenslande under den Kolde Krig. Bizart nok var flere af Sasakawas gamle ærkefjender at finde blandt WACL's andre grundlæggere, for eksempel lederen af det kinesiske nationalistparti Kuomintang og Taiwans daværende præsident Chiang Kai-shek samt den excentriske sydkoreanske vækkelsesprædikant Moon Sun-myung· I 1967 oprettede Sasakawa sammen med Osami Kuboki og Yoshio Kodama en NGO ved navn Shokyo Rengo ("Sejr Over Kommunisme"), der hovedsagelig fungerer som NATO's PR-organ i japansk politik. WACL har efter Sovjetunionens kollaps ændret navn til World League for Freedom and Democracy.

NATO kunne rent praktisk ikke have udkæmpet Koreakrigen, hvis de ikke havde kunnet anvende en ideologisk ureformeret japansk militarists forretningsimperium til at opbygge deres militære infrastruktur i Asien, og ville heller ikke kunne have opbygget en gruppe af allierede uden for Nordamerika og Vesteuropa hvis det ikke var for hans finansielle støtte. Det Liberale Demokratiske Parti havde brug for penge til at finansiere deres valgkampagner og politiske aktiviteter generelt. CIA havde også brug for en lige så ureformeret japansk imperialist til at køre og planlægge størstedelen af deres spionage-aktivitet i Asien. Derfor var det meget svært at foretage et længerevarende reelt opgør med krigstidens herskende ideologi i Japan, fordi det reelt ikke kun ville få en betydelig del af landets politiske og økonomiske liv til at stå stille, men også svække NATO's evne til at handle især i Asien. Alligevel forblev den japanske militarisme marginal, på trods af at en så indflydelsesrig japansk forretningsmand som Sasakawa så sent som i 1966 kaldte sig selv for "verdens rigeste fascist" uden nogle negative konsekvenser. Genopbyggelsen af Japan efter vestlig model førte ikke kun til en højere grad af materiel velstand, end landet havde nydt nogensinde før. Det imponerede også store dele af befolkningen, at USA netop ikke havde opført sig som en gammeldags kolonimagt mod Japan, hvilket var nøjagtig, hvad Aritomo Yamagata havde frygtet.

Alligevel forblev Japan det førsteverdensland, hvor højreradikal politisk ideologi var mest socialt acceptabelt. Så sent som i 1960'erne var Yukio Mishima Japans mest respekterede modernistiske forfatter, samtidig med at han var leder af en højreradikal milits ved navn Taiteno-kai ("skjoldets selskab"). Selv efter hans selvmord under et fejlslagent statskup i 1970, han selv havde planlagt med det formål at omvælte den civile regering, led Mishimas litterære stjerne ikke. Prøv at forestille jer en leder af en højreradikal milits blive en respekteret skønlitterær forfatter i noget anden industriland...

Nippon Kaigis lange vej til magten

I 1997 blev tænketanken Nippon Kaigi ("Japansk Konference") dannet af en kreds af højtrangerende politikere og forretningsfolk. Blandt dem var den Shinzô Abe og flere af hans fremtidige ministre. Fællesnævneren for alle Nippon Kaigis grundlæggere var opfattelsen af den japanske efterkrigstidsforfatning som illegitim, da den blev skrevet af amerikanerne. Nippon Kaigis hovedformål er at få en ny japansk forfatning, der tillader et konventionelt militær. Dette ville ikke være nær så bekymrende, hvis det ikke var fordi Nippon Kaigi ikke kun officielt benægter Japans krigsforbrydelser i Kina og Korea i 1904-1945, men også erklærer, at det japanske kejserrige skulle "have befriet Asien for vestlig imperialisme".

En anden af Nippon Kaigis grundlæggere er Shintaro Ishihara, der som ung var en nær ven af ovennævnte Yukio Mishima. Ishihara var i lang tid byrådsrepræsentant for Tokyos 2. distrikt og tjente som byens guvernør 1999-2012. Han var den mest toneangivende repræsentant for Japans yderste højrefløj i den politiske mainstream gennem 1990'erne og 2000'erne, og han gjorde mere end nogen anden for at benægte Japans krigsforbrydelser under 2. Verdenskrig. Så tidligt som i 1989 blev Ishihara kendt for at udgive bogen *The Japan That Can Say No*, som forudsagde Japan i den nære fremtid ville overtage USA's plads som verdens økonomiske stormagt.

Ishiharas optimisme viste sig dog at være kortsigtet. I 1991 blev Japan ramt af et børskrak lig det, som ramte USA i 2008. 1990'ernes globale økonomiske opsving ramte derfor ikke Japan, så japanerne kalder den dag i dag 1990'erne for "det tabte årti". En sådan kavalkade af nationale ydmygelser ser dog ud til at have banet vejen til magten for Nippon Kaigi. I 2012 startede Shintaro Ishihara et nyt højreradikalt parti ved navn Nihon Ishin no Kai, "Parti for Japans Restauration". Ishin no Kai markerede sig med en platform til højre for det Liberale Demokratiske Parti og blev fortalere for at vende tilbage til Meiji-forfatningen, *før* det overhovedet var på bordet i LDP. I 2014 blev Ishin no Kai opløst og delte sig i to: De mere moderate medlemmer dannede "Japans

Nyskabelsesparti", der ikke længere eksisterer i dag. Ishiharas hardlinere dannede "Parti for Japansk Kokoro", eller "partiet som værner om Japans hjerte". Ishihara har gjort mere end nogen anden enkelt politiker for at flytte det politiske klima i Japan yderligere mod højre, fordi han har givet Abe nogen at se moderat ud i sammenligning med. Derfor kunne Ishihara med tilfredshed gå på pension i 2016. I 2014 tilhørte hele 289 af det japanske parlaments 480 medlemmer Nippon Kaigi.

Mens alt dette er sket indenrigspolitisk, er både Kina og Nordkorea blevet stærkere og mere aggressive i deres udenrigspolitik. Disse to landes fremskridt i den asiatiske storpolitiks arena har nok ikke kun genantændt gamle nationalistiske stridigheder, men også sovende koldkrigsparanoia - på trods af at Folkerepublikken Kina i dag kun er kommunistisk af navn, og at Nordkorea faktisk indrømmer, at deres Juche-ideologi har mere at gøre med koreansk nationalisme end med kommunisme.

Det skal også nævnes, at sidste gang Japans socialdemokrater, "Japans Demokratiske Parti", havde regeringsmagten, skete Fukushima-atomkraftværks-katastrofen i 2011. Fukushima blev en stor sort plet på partiets omdømme i kølvandet på den offentlige efterforskning, der afslørede en chokerende grad af inkompetence og korruption inden for regeringen. Den daværende premierminister Yoshihiko Noda var nødt til at indrømme dette i 2012. På det tidspunkt havde Shinzô Abe faktisk allerede trukket sig tilbage fra sin første tjans som premierminister i 2007 på grund af en korruptionsskandale, der involverede landbrugsminister Takehiko Endo, allerede et år efter hans første regeringstid startede. Nu havde JDP med Fukushima-skandalen pludselig endnu flere skeletter væltende ud af skabet, så Abe havde nu muligheden for at iværksætte sit comeback og få Nippon Kaigis dagsorden udført. I modsætning til USA's Alt-Right og Frankrigs Nouvelle Droite har Nippon Kaigi nemlig vist evnen til rent faktisk at sætte de mest kompetente politikere i spidsen for deres politiske projekt. Abes økonomiske politik, i folkemunde "Abenomics", har nemlig ført til Japans første betydelige økonomiske vækst siden de tabte 1990'ere. Derfor blev han genvalgt i 2014 og i 2017 på trods af Kake Gakuen-skandalen i juni 2017. Denne skandale gik ud på, at Abe pressede uddannelsesministeriet til at godkende åbningen af en dyrlægeskole, som hans ven Kotaro Kake havde oprettet, og tildele Kake gratis landområder for 3,68 mio. yen samt 9,6 mio. yen i subsidier. Tidligere på året blev Abe-regeringen ramt af endnu en skandale: Moritomo Gakuen, en privatskole specifikt indrettet efter det japanske skolesystem før 2. verdenskrig, fik på grund af sin forbindelse til Abes familie lov til at købe et landområde for 15 % af dets forventede pris. I juli 2017 viste meningsmålinger, at kun 28 % af Japans befolkning var tilfredse med Abe.

Disse to skandaler førte til, at den politiker, Abe havde udnævnt til sin efterfølger, den tidligere forsvarsminister og Tokyos guvernør Yuriko Koike, forlod det Liberale Demokratiske Parti. Hendes nye parti Kibô no Tô (Håbets Parti) opsnappede hurtigt højrefløjen fra Japans Demokratiske Parti. Det afslører dog ret meget, at det er Koike, som er blevet ansigtet for oppositionen til Abe og LDP: Hun er nemlig også medlem af Nippon Kaigi og har forsvaret dens dagsorden med samme grad af konsistens som ham. JDP's venstrefløj har forladt partiet og dannet det nye "Japans Grundlovs-Demokratiske Parti", der nu er i valgforbund med alle andre partier, bl.a. Japans kommunistparti, imod revision af artikel 9. Valget i oktober var altså ikke et valg om Abe og Nippon Kaigis dagsorden, men om han var den bedst egnede politiker til at udføre den i praksis.

Hvad nu?

Abes koalitionsregering forbliver ved magten. Udover det Liberale Demokratiske Parti består denne regering af Komeito, et parti hvis ideologi er baseret på den åbenlyst nationalistiske japanske buddhist-sekt Nichiren. Koalitionen har 61 % af sæderne i underhuset og 39 % af dem i overhuset. Oppositionen er splittet mellem folk, der finder Abe uegnet som premierminister, men ikke har noget imod hans ideologi, og en radikaliseret venstrefløj. Med andre ord betyder det, at Abe vil være i stand til at få gennemført størstedelen af sine politiske forslag uden nogen større modstand, fordi hans modstand består af to lejre, hvis politiske mål er i åbenlys strid med hinanden.

Hvordan Japans fremtid vil se ud, er stadig uvist. En så vel-udført magtovertagelse af det konservative etablissement i et før-steverdensland af en organisation, der er venlig over for højrera-dikale ideer, er noget, der aldrig er sket i efterkrigstiden før nu, så det er svært at finde noget andet at sammenligne med. Det vig-tige spørgsmål bliver, hvorvidt Japan får en ny forfatning i 2020, som Abe håber på. Måske ender Japan bare med at blive et nor-maliseret ved rent faktisk at få et konventionelt militær og ikke længere vil have behov for udstationerede amerikanske styrker for at kunne forsvare sig selv. Den værst tænkelige tilstand er en fjern fremtid, hvor Japan vil have en lignende politisk tilstand som Tyrkiet eller Thailand, hvor militæret og den demokratisk valgte regering hele tiden kæmper om magten med regelmæssige militære magtovertagelser og meget skrøbeligt demokrati til følge. Det japanske kejserrige 1868-1945 var nemlig en sådan til-stand, hvor militæret i sidste ende vandt. Noget lignende ser vi i øjeblikket i Erdogans Tyrkiet, hvor demokratiet er ved at blive gradvist undermineret til fordel for opbygning af en autoritær militaristisk orden netop pga. Erdogans ambitioner om at gøre sin nation til en regional stormagt.

Spørgsmålet er, om et genoprettet japansk militær vil opnå en lignende grad af politisk indflydelse, som den Kejserlige Ja-panske Hær og Flåde havde 1868-1945. Forudsætningerne for det kejserlige japanske militærs enorme politiske magt var netop, at Japans overlevelse som selvstændigt land var afhængig af et stærkt militær, da landets eksistens var truet både af intern bor-gerkrig (jfr. Satsuma-oprøret) og andre stormagter, som Japan ikke havde nogle faste allierede imod (Kina, Rusland, USA). En sådan situation vil sandsynligvis kun opstå i tilfælde af krig mod Nordkorea, og det er ret svært at forestille sig, efter Nordkorea og Sydkorea officielt har afsluttet krigen og indledt et samarbejde i retning mod genforening. Samtidig har Abes aggressive kurs ført til, at Sydkorea nu nægter at indgå i militær alliance med Ja-pan og USA, men til gengæld åbner for yderlige diplomati med

Kina i stedet! Sidste gang Japan var en militær stormagt, gjorde Japan først Korea til protektorat og derefter en japansk koloni. Kan man forestille sig en kinesisk-koreansk alliance mod et fremtidigt militaristisk Japan? Abe virker for intelligent og forsigtig til at risikere det, men hvad så med dem, der kommer efter ham? På det udenrigspolitiske plan er der så mange, der kan få Nippon Kaigis planer til at køre af sporet i fremtiden, at det er svært at forudsige nøjagtig, hvad der vil ske i fremtiden. Forresten er der det faktum, at forholdet mellem Japan og dets største allierede i vesten, nemlig USA, er blevet meget mere køligt efter Donald Trumps tiltræden som præsident. Det startede med, at Trump trak USA ud af handelsaftalen Trans-Pacific Partnership – som Abe netop har været en af arkitekterne bag. Dertil kommer, at Trumps økonomiske toldmure især vil ramme importvarer fra Japan og hans erklærede dedikation til en isolationistisk udenrigspolitik. Sidstnævnte vil nok på langt sigt være en velegnet retfærdiggørelse for Japan til at blive mere aktiv i opbyggelsen af sit eget militær for ikke længere at være afhængig af USA, men da USA stadig ligger langt foran alle andre stater i militær styrke, vil det kræve meget arbejde at genvinde den hårde magt, man risikerer at tabe gennem manglende støtte fra USA. Et umiddelbart resultat har været, at Abes regering på det seneste har bevæget sig tættere på internationalt samarbejde med Australien i stedet. Hvis vi virkelig for alvor kommer til at se en mere multi-polær verdensorden, så vil det være svært at forudse, hvordan Japan vil finde en plads dér, fordi det er så lang tid siden, vi sidst har set en multi-polær orden udfolde sig i praksis.

Derudover vil Japan være nødt til at præsentere sig selv som et moderne demokrati for at forblive en accepteret del af den industrialiserede verden. Dertil bør nævnes, at den japanske kejserfamilie i dag er relativt politisk progressive landet taget i betragtning: De nægter faktisk at besøge Yasukuni-militærgravpladsen på grund af de krigsforbrydere, som ligger begravede der. Den nuværende kejser Akihito har også gjort mere for at hele historiens ar på Kina og Korea end nogle af den folkevalgte regerings medlemmer har taget initiativ til. Abe besøger til gengæld

Yasukuni, hvilket forbliver en af hans mest kontroversielle handlinger. Med andre ord: Hele personkulten omkring kejseren som nationens patriark i spidsen for en autoritær stat falder til jorden, når den faktisk eksisterende kejserfamilie ikke er med på programmet.

Forresten viser alle meningsundersøgelser, at størstedelen af Japans befolkning er imod ændring af artikel 9 i forfatningen, så længe Abe er ved magten, men *ikke* imod en ny forfatning i princippet. Det er altså sandsynligvis Abes økonomiske politik, ikke hans militarisme, som han bliver genvalgt for. Hvis Abe virkelig forsøger at få en ny forfatning, kan det være begyndelsen til enden på hans politiske karriere. Hvis – eller måske når – opgøret mod Nippon Kaigi får konkret form i en forenet bevægelse, bliver det dog sandsynligvis ikke fra centrum-højre. I stedet vil det komme fra en radikaliseret venstrefløj, der har Constitutional Democratic Party of Japan i spidsen og erklærede kommunister blandt sine støtter.

Det er også en joker, at størstedelen af Abes støtte kommer fra de ældre generationer og i modsætning til i 60'erne, 70'erne og 80'erne er størstedelen af de yngre japanere i dag relativt politisk apatiske. I resten af den første verden plejer de nye venstrepopulister netop at få størstedelen af deres støtte fra folk født i 80'erne eller senere – Jeremy Corbyn, Jean-Luc Mélenchon og Bernie Sanders ville ikke være, hvor de var i dag, uden stemmerne under 35. Hvis de yngre generationer i Japan vækkes til politisk aktivitet, kan højredrejningen måske stoppe. Især hvis den næste LDP-leder viser sig ikke at være nær så kompetent som Abe.

Det vil her være relevant at sammenligne Nippon Kaigi med tilsvarende illiberale højrebevægelser i Vesten fx den amerikanske alt-right eller Frankrig Nouvelle Droite. Nippon Kaigi er overhovedet ikke populistisk i sin retorik, der går mere på "vi har brug for bedre eliter", mens Abes økonomiske politik er den mest liberale som Japan nogensinde har set. Nippon Kaigis fremmarch er heller ikke motiveret af de samme faktorer som den vestlige højreradikalisme, der i høj grad er en reaktion imod masseind-vandringen. Japan er nemlig et af de mest etnisk homogene lande i den første verden (bestående af 99% japanere, 0,5% kinesere og 0,5% koreanere), og er et af dem, som optager færreste flygtninge eller indvandrere.

Nippon Kaigis virkelige motivation er snarere at opnå uaf-hængighed fra USA og NATO's beskyttelse når det kommer til nationalt forsvar. Det vil på langt sigt nok være en positiv ting, i betragtning af det bliver mindre og mindre sikkert at USA og NATO forbliver globalt dominerende på samme måde de har væ-ret de sidste mange årtier, for ikke at nævne at Kina bliver mæg-tigere globalt.

Samtidig kan Nippon Kaigi alligevel kategoriseres som en højreradikal bevægelse, fordi deres mål til at opnå en sådan selv-stændighed er et samfund hvor demokrati og retsstat i bedste til-fælde vil være svagere end nu. Ét, hvor militæret i praksis vil have mere reel politisk magt end den folkevalgte civile regering. Historien viser at et sådan samfund uden så kompetente auten-tisk liberale politikere som Hirobumi Itô, Shigenobu Ôkuma eller Kinmochi Saionji hurtigt ville kunne sættes på ekspresrute til dik-tatur.

Én ting er sikkert: I japansk politik her i det 21. århundrede er der virkelig meget på spil.

Simon Hesselager Johansen (f. 1988) er cand.mag. i fi-losofi og kunsthistorie fra Københavns Universitet. Han har tidligere skrevet om kultur og politik fra et fi-losofisk og idéhistorisk perspektiv for tidsskrifter som The Murmur, Ræson *og* Tanken.

Litteraturliste

Anderson, Scott & Anderson, John Lee: Inside the League, Dodd Mead 1986

Anonym forfatter: Japanese prime minister resigns, 12. september 2007, BBC News
http://news.bbc.co.uk/2/hi/asia-pacific/6990519.stm

Anonym forfatter: Japan Restoration Party platform, Japan Times, 4. april 2013
https://www.japantimes.co.jp/opinion/2013/04/04/editorials/japan-restoration-party-platform/#.WgRpOnaDPIU

Anonym forfatter: Opposition Innovation Party elects Matsuno as new leader, Mainichi Shimbun, 19. maj 2015 https://web.archive.org/web/20150520231242/http://main-ichi.jp/english/english/newsselect/news/20150519p2g00m0dm003000c.html

Anonym forfatter: Japan's Shinzo Abe unveils cabinet after voted in as PM, 26. december 2012, BBC News http://www.bbc.com/news/world-asia-20842840

Anonym forfatter: Shinzo Abe re-elected as Japans Prime Minister, 24. december 2014, BBC News http://www.bbc.co.uk/news/world-asia-30595376

Anonym forfatter: Abe's Yasukuni visit could cast dark shadow on Japanese diplomacy, Mainichi Shimbun, 26. december 2016 https://web.ar-chive.org/web/20131227013006/http://mainichi.jp/english/english/newsse-lect/news/20131226p2a00m0na004000c.html

Anonym forfatter: Japanese sharply divided over revising Article 9 amid regional secu-rity threats, poll finds, Japan Times, 30. april 2017 https://www.japan-times.co.jp/news/2017/04/30/national/japanese-divided-revising-article-9-amid-north-korea-threats-poll/#.Wgi5EHaDPIU

Aoki, Mizuhko: Tiny Japanese political party takes new name in bid to reverse its for-tunes, 21. december 2015 https://www.japantimes.co.jp/news/2015/12/21/na-tional/politics-diplomacy/tiny-japanese-political-party-takes-new-name-bid-reverse-fortunes/

Beasley, W. G.: The Rise of Modern Japan, Frederik A. Praeger Publications 1963

Brown, James D. J. : Shinzo Abe and the arrogance of power, 1. maj 2017, Japan Times
https://www.japantimes.co.jp/opinion/2017/06/01/commentary/japan-commen-tary/shinzo-abe-arrogance-power/#.WgR6BHaDPIU

Brown, Stuart: Japan leaves the League of Nations, United Press Staff, 1933
http://www.johndclare.net/league_of_nations6_news.htm

Buck, J. H.: The Satsuma Rebellion: An Episode in Modern Japanese History, University Publications of America 1979

Byrd, Gregory Dean: General Ishii Shiro: his legacy is that of genius and madman. Master's Thesis, East Tennessee State University; May 2005 http://dc.etsu.edu/cgi/viewcontent.cgi?article=2167&context=etd

Chang, Iris: The Nazi Leader Who in 1937 Became the Oskar Schindler of China, The Atlantic, 18. januar 2012 https://www.theatlantic.com/international/archive/2012/01/the-nazi-leader-who-in-1937-became-the-oskar-schindler-of-china/251525/

Choe, Sang-hun: South Korea and China End Dispute Over Missile Defense System, New York Times, 30. oktober 2017 https://www.nytimes.com/2017/10/30/world/asia/north-korea-nuclear-test-radiation.html

Global Korean Network of Los Angeles: Queen Min of Korea – The Last Empress, sidst opdateret 2004 https://web.archive.org/web/20060217083556/http://www.gkn-la.net/history_resources/queen_min.htm

Hackett, Roger F.: Yamagata Aritomo in the Rise of modern Japan, 1838-1922, Harvard University Press, 1971

Kim, J. C.: Why did Ahn Jung-geun Kill Hirobumi Ito?, The Korea Times, 24. august 2009

Hills, Ben: Sasakawa: The philanthropist with the heart of a fascist, 2014 http://benhills.com/articles/japanunlimited/sasakawa-the-philanthropist-with-the-heart-of-a-fascist/

Hurst, Damien. Scandals threaten Japanese prime minister Shinzo Abe's grip on power, The Guardian, 25. juli 2017 https://www.theguardian.com/world/2017/jul/25/scandals-threaten-japanese-prime-minister-shinzo-abes-grip-on-power

Kato, Norihiro: Tea Party Politics in Japan, New York Times, 14. september 2014 https://www.nytimes.com/2014/09/13/opinion/tea-party-politics-in-japan.html

Kim, Sarah: Abe's reshuffle promotes right-wingers, 5. september 2014, Korea Joongang Daily http://koreajoongangdaily.joins.com/news/article/article.aspx?aid=2994558

Lies, Elaine. Japan emperor worked to heal wounds of war, get closer to people, 19. maj 2017, Reuters https://uk.reuters.com/article/uk-japan-emperor-akihito-factbox/factbox-japan-emperor-worked-to-heal-wounds-ofwar-get-closer-to-people-idUKKCN18F07A

McCurry, Justin: Populist former ally aims to rip up Japanese PM's election plans, The Guardian, 28. september 2017 https://www.theguardian.com/world/2017/sep/28/japan-pm-shinzo-abe-election-challenge-tokyo-governor-yuriko-koike

McGiffin, Philo:The Battle of Yalu, Personal Recollections by the Commander of the Chinese Ironclad 'Chen Yuen.' i The Century Magazine, Vol. 50, nr. 4 (Aug 1895) http://www.navyandmarine.org/ondeck/1894yalubattle.htm

Mounsey, A. H.: The Satsuma Rebellion, Harvard University Press 1879

Myers, Jeffrey: Mishima's Suicide. Michigan Quarterly Review Volume XLIX Nr 4, Efterår 2010

Omura, Bunji: The Last Genro, J. B. Lippincott Co., 1938

Partington, Richard: Japanese economy posts longest expansion in more than a decade, the Guardian, 14. august 2017 https://www.theguardian.com/world/2017/aug/14/japanese-economy-posts-longest-expansion-in-more-than-a-decade

Pleshakov, Constantine: The Tsar's Last Armada, Basic Books 2003

Reed, Christopher: The United States and the Japanese Mengele: Payoffs and Amnesty for Unit 731, The Asia Pacfic Journal, 14. august 2006 http://apjjf.org/-Christopher-Reed/2177/article.html

Seagrave, Sterling & Seagrave, Peggy: Gold Warriors, Verso Books 2005

Sharf, Robert: The Zen of Japanese Nationalism, University of Chicago Press 1993 http://buddhiststudies.berkeley.edu/people/faculty/sharf/documents/Sharf1993,%20Zen%20Nationalism.pdf

Sharp, Andy: Abe Passes Controversial Bill Boosting Japan Surveillance Powers, Bloomberg, 15. juni 2017 https://www.bloomberg.com/news/articles/2017-06-15/abe-passes-controversial-bill-boosting-japan-surveillance-powers

Steger, Isabella: Everything you should know about Japan's oddly drama-filled elections, Quartz, 19. oktober 2017

Tabuchi, Hiroko: Japanese Prime Minister Says Government Shares Blame for Nuclear Disaster, New York Times, marts 2013 http://www.nytimes.com/2012/03/04/world/asia/japans-premier-says-government-shares-blame-for-fukushima-disaster.html

Tiezzi, Shannon: NHK Governor: Nanjing Massacre 'Never Happened', The Diplomat 27. Februar 2017 https://thediplomat.com/2014/02/nhk-governor-nanjing-massacre-never-happened/

Umino, Fukuju: Hirobumi Ito and Korean Annexation Aoki Shoten 2004

Wallace, Corey: Does the Izumo Represent Japan Crossing the "Offensive" Rubicon?, New Pacific Institute, 13. august 2013 http://jsw.newpacificinstitute.org/?p=11000

Wakatsuki, Yoko; Griffits, James; Berlinger, Joshua: Japan's Shinzo Abe hails landslide victory in snap election, CNN, 22. oktober 2017 http://edition.cnn.com/2017/10/22/asia/japan-election-results/index.html

Weintraub, Stanley: How Douglas MacArthur Shaped Postwar Japan, History Net, 11. august 2011 http://www.historynet.com/american-proconsul-how-douglas-macarthur-shaped-postwar-japan.htm

EUROPAS FREMTID?
DRIVKRÆFTERNE I EU'S INTEGRATIONSPROCES

AF PH.D. MORTEN JARLBÆK PEDERSEN

D en Europæiske Union har været rammen for langt stør-
stedelen af den danske handels- og udenrigspolitik de
seneste 45 år. Gradvist har den Europæiske Union ud-
viklet sig til at være et samarbejde om mere og andet end "bare"
handel på tværs af de europæiske grænser.

I dag står Unionen dog i et vadested, hvor retningen og
rammerne for dens fortsatte udvikling skal defineres. Lissabon-
traktaten[1] står ikke nødvendigvis foran en gennemgribende revi-
sion lige foreløbig, men ikke desto mindre er alt bare ikke ved det
gamle i EU-systemet. Denne situation er langt fra ny i EU's man-
geårige historie – nej, man kan måske endda argumentere for, at
EU gennem årene ikke har gjort stort andet end at gå fra vadested
til vadested. Nogen eksplicit endegyldig konklusion om Unio-
nens status (vis-á-vis sine medlemsstater) og (forfatningsmæs-
sige) natur har man i al fald ikke draget.

Imidlertid er der meget, der tyder på, at det nuværende va-
dested adskiller sig fra tidligere. En stadig stærkere modstand
mod Bryssel i flere medlemsstater, et kommende farvel til Stor-
britannien som en del af Unionen, en migrationskrise, som synes
uden ende, og fortsatte massive gældsudfordringer i visse, større

---

[1] Lissabontraktaten består egentlig af flere traktater. Den første – Traktaten
om den Europæiske Union – indeholder de overordnede retningslinjer og
principper. Den anden – Traktaten om den Europæiske Unions Funktions-
måde – indeholder de mere detaljerede beskrivelser af EU's arbejde. I det føl-
gende refererer jeg til den første traktat ved at angive "(TEU)" efter en henvis-
ning til en specifik artikel; og jeg refererer til den anden ved at angive
"(TEUF)" efter en henvisning til en specifik artikel. I begge dele anvendes den
konsoliderede traktat som grundlag; denne kan findes her: www.eu.dk/~/me-
dia/files/eu/ld_euo_lissabon_16.ashx (senest lokaliseret 17. august 2018).

eurolande – alt dette peger på, at den europæiske integrations pendul er begyndt at svinge. Spørgsmålet er blot: I hvilken retning? Hvad kan vi forvente os? Hvad fortæller den lange historie om EU os om, hvad vi kan forvente af fremtiden?

Det er spørgsmålet, som undersøges i nærværende artikel. Analysen er givetvis forsimplet, og svaret er givetvis overfladisk. Det væsentligste er dog heller ikke detaljerne i det svar, der antydes i det følgende. Målet er at antyde et bud på udviklingens generelle retning, byggende alene på mit kendskab til sagernes tilstand – ikke et forsøg på en detaljeret spådom om hvem og hvad og hvornår.

For at kunne give et bare nogenlunde velfunderet svar på spørgsmålet om forventningen til EU's fremtidige udvikling vil jeg foretage to mindre undersøgelser, der tilsammen kan give os et standpunkt: For det første må vi have et grundigere kendskab til den langsigtede og generelle dynamik i den europæiske integration – altså grundlæggende et historisk syn på integrationen, om end mit omdrejningspunkt her er den politologisk-juridiske udvikling fra begyndelsen af 1950'erne og til i dag. Efterfølgende må vi søge at forstå de særlige karakteristika ved det stadie, som EU befinder sig på lige nu, og som man altså skal bevæge sig videre fra – altså en art samtidsanalyse, om man vil. Derefter kan vi kombinere de to ting – en ide om, hvordan EU generelt har udviklet sig og en viden om, hvor vi står lige nu – til at give et bud på de store linjer i fremtidens EU.

Nedenfor vil jeg derfor først trække de store linjer op – eksemplificeret med udviklingen inden for den sociale regulering i EU samt spørgsmålet om Unionens kompetencer i forhold til dens medlemsstater. Konklusionen her er, at udviklingen har både en politisk og en juridisk motor, der i et komplekst samspil har sikret, at integrationen i det store og hele alene har bevæget sig i én retning. Derefter vil jeg skitsere situationen i dag ved kort at diskutere to forhold: Hvordan det indre marked – der historisk har været Unionens hjerte – i dag udvikler sig, og hvordan den økonomiske koordinering fylder og betyder stadig mere i udvik-

lingen af Unionens institutionelle rammer, magtfordeling og spil-
leregler. Disse forhold finder slutteligt sammen i en samlet vur-
dering af, hvor jeg mener, at Unionen står, og hvad vi kan for-
vente os.

Den langsigtede dynamik i den europæiske integration

En beskrivelse af den europæiske integration er selvsagt en
yderst kompleks affære, da EU jo i dag spænder både meget vidt,
bredt og dybt. Og alt dette kan ingenlunde indfanges i en så kort
undersøgelse som denne. For alligevel at gøre et spagt forsøg vil
jeg nedenfor forsøge at illustrere to centrale pointer: Den første
er, at udviklingen i integrationen nærmest alene har bevæget sig
i én retning om end i faser og med forskellig hastighed. Retningen
er der dog sjældent ændret på. Udviklingen inden for nogle af de
områder, hvor modstanden mod europæisering er størst – på den
ene side det socialpolitiske område og medlemslandenes regler
for kontant understøttelse af borgere og på den anden side kom-
petencefordelingen mellem EU og medlemslandene – er illustra-
tive eksempler herpå. Den anden pointe er, at denne retning hver-
ken alene kan tilskrives EU-glade politikere eller en EU-Domstol,
der sniger integrationen ind med juridiske midler; nej, det er sna-
rere kombinationen af disse to forhold, der er afgørende her.
Domstolens forhold til de politiske tendenser er et illustrativt ek-
sempel herpå.

Det sociale område som eksempel: "en stadig snævrere
sammenslutning" på et af de mest følsomme områder. Ansvaret
for borgernes sociale velbefindende er som udgangspunkt et na-
tionalstatsligt anliggende. Selvom EU har ret til f.eks. at vedtage
minimumsforskrifter for social sikring på arbejdsmarkedet,[2] er

---

[2] Art. 153 (2) TEUF. På dette område skal direktiver dog vedtages både
med enstemmighed blandt landene i EU's ministerråd, og de må samtidig ikke
anfægte "medlemsstaternes mulighed for at fastlægge de grundlæggende
principper i deres sociale sikringsordninger og må ikke i væsentligt omfang
berøre den økonomiske balance i disse ordninger." Art. 153 (4) TEUF.

det klare og entydige udgangspunkt, at medlemsstaterne selv ordner sagerne, hvad angår social- og arbejdsmarkedspolitikken. Dette meget entydige udgangspunkt skyldes naturligvis, at der er store forskelle mellem medlemsstaternes velfærdsmodeller, generøsitet og generelle, økonomiske formåen, og at den politiske modstand mod en egentlig socialpolitik på EU-niveau alle dage har været og mange steder fortsat er ganske massiv. Denne modstand var f.eks. et bærende element i den reformaftale,[3] som den britiske premierminister David Cameron fik forhandlet hjem i foråret 2016.[4] Med dette in mente er det værd at kigge lidt på reglerne for EU-borgeres adgang til sociale ydelser i andre EU-lande end deres hjemland; for hvis udgangspunktet er, at social- og arbejdsmarkedspolitik er et nationalt anliggende, må det vel være op til det enkelte land at afgøre, hvor generøs man ønsker at være over for andre landes statsborgere?

Det er bare ikke tilfældet. Det skyldes først og fremmest den gradvise udvanding af begrebet "arbejdstager". At være "arbejdstager" er nemlig alfa og omega i EU-retten, for har man først denne status, er der – hvis man skal sætte det lidt på spidsen – fri adgang til fadeburet i det EU-land, man nu en gang måtte opholde sig i. I gamle dage – i den oprindelige Paris-traktat fra 1951 – betød "arbejdstager", at man arbejdede fuldtid inden for en branche, som man efter eksplicit politisk bestemmelse skulle give

---

[3] Aftaleteksten findes i Det Europæiske Råd (2016): European Council Meeting (18 and 19 February 2016) – Conclusions. EUCO 1/16, www.consilium.europa.eu/media/21787/0216-euco-conclusions.pdf (senest lokaliseret 4. juni 2018).

[4] Det var denne reformaftale, der udgjorde grundlaget for Brexit-afstemningen den 23. juni 2016; briterne havde dér muligheden for at acceptere en reformaftale eller at træde ud af Unionen. For en gennemgang af aftalen og dens konsekvenser, se f.eks. Morten Jarlbæk Pedersen (2016): Mere union eller anderledes union? Årsskriftet Critique, www.aarsskriftet-critique.dk/2016/06/mere-union-eller-anderledes-union/ (senest lokaliseret 4. juni 2018) eller Analyseenheden 4V (2016): Danexit efter Brexit? Analyse af konsekvenserne af den britiske "Brexit"-folkeafstemning 23. juni 2016. www.a4v.dk/danexit-efter-brexit-4v-analyse/ (senest lokaliseret 17. august 2018).

denne adgang.[5] I dag betyder "arbejdstager" dog meget mere end bare det, og udviklingen har dybe rødder; der er ikke tale om en ny udvikling endsige en udvikling, der i nyere tid har taget en uventet drejning.

Allerede i Romtraktaten fra 1958 blev Paris-traktatens oprindelige og temmelig snævre arbejdstagerbegreb udvidet markant, så det nu omfattede alle fuldtidsarbejdstagere med undtagelse af offentligt ansatte.[6] Fra fuldtidsansatte i afgrænsede brancher talte man altså pludselig om alle fuldtidsarbejdere inden for en hvilken som helst, privat, branche, så længe de var dækket af en social sikringsordning. Og allerede samme år udstedte man en forordning, hvori også f.eks. familiemedlemmer – børn, ægtefæller m.m. – blev udstyret med de samme rettigheder som den egentlige arbejdstager.[7] Allerede i 1950'erne blev sporet lagt – og man fortsatte med en forordning i 1968[8] og endnu en i 1971.[9] Begge gik endnu et skridt videre i at give EF-borgere adgang til sociale ydelser i andre lande.

Den politiske udvikling i perioden op til Danmarks medlemskab var således temmelig entydig. Og denne politiske udvikling blev fulgt af en juridisk. EU-Domstolen har således eksplicit og konsistent slået fast, at:

> *freedom of movement for workers forms one of the foundations of the Community. The provisions laying down that fundamental freedom and, more particularly,*

---

[5] Det følger af Paris-traktatens art. 69.

[6] Jf. Rom-traktatens art. 48.

[7] Rådet for Det Europæiske Økonomiske Fællesskab (1958): *Verordnung nr. 3 über die Soziale Sicherheit der Wanderarbeitnehmer.* Luxembourg: Amtsblatt der Europäischen Gemeinschaften, vol. 1/30, s. 561-596.

[8] Rådet for de Europæiske Fællesskaber (1968): *Rådets forordning nr. 1612/68/EØF af 15. oktober 1968 om arbejdskraftens frie bevægelighed inden for Fællesskabet.* EFT L 257 af 19.10.1968, s. 2-12.

[9] Rådet for de Europæiske Fællesskaber (1971): *Rådets forordning nr. 1408/71/EØF af 14. juni 1971 om anvendelse af de sociale sikringsordninger på arbejdstagere, selvstændigt erhvervsdrivende og deres familiemedlemmer, der flytter inden for Fællesskabet.* EFT L 149 af 5.7.1971, s. 2–50.

the terms 'worker' and 'activity as an employed person' defining the sphere of application of those freedoms must be given a broad interpretation in that regard, whereas exceptions to and derogations from the principle of freedom of movement for workers must be interpreted strictly.[10]

Man er altså i medlemslandene pålagt at tolke begrænsningerne på EU-borgeres adgang til f.eks. sociale ydelser så snævert, som det kan lade sig gøre. Og samtidig har man i lovgivningen også gradvist udvidet arbejdstagerbegrebet – og denne udvikling begyndte lang tid før, Danmark trådte ind i fællesskabet i begyndelsen af 1970'erne.

Omdrejningspunktet for denne udvikling er som nævnt arbejdskraftens frie bevægelighed – altså ønsket om, at EU's medlemslande tilsammen bør udgøre ét stort reservoir af arbejdskraft, således at virksomhederne i alle Unionens medlemslande får en større og mere fleksibel arbejdskraftreserve at trække på. Idéen er, at det både er godt for virksomhederne og godt for beskæftigelsen.

Som udtrykt i citatet fra EU-Domstolens dom i Kempf-sagen ovenfor, går den juridiske tankegang dog et skridt videre end blot et fokus på effektiv ressourceallokering: I dag er der med EU-Domstolens mellemkomst således tale om "arbejdstagere", når unge mennesker fra det ganske kontinent indgår en på forhånd aftalt tidsbegrænset kontrakt, og efterfølgende, når kontrakten udløber, bliver klassificerede som "ufrivilligt" arbejdsløse.[11] Dermed opnår man som tidligere arbejdstager rettigheder på samme niveau som almindelige arbejdstagere, og således kan man f.eks. få fuld adgang til at studere med fuld studiestøtte i Danmark. Uanset om det hele tiden har været aftalt og kendt, at kontrakten

---

[10] C-139/85 R.H. Kempf mod Staatssecretaris van Justitie [1986], præmis 13.

[11] Hvilket er et reelt, EU-retligt begreb: Hvis du arbejder i et andet EU-land end dit hjemland, men afskediges og bliver ufrivillig arbejdsløs, så opretholder du din status som EU-arbejdstager. Dermed beholder du dine sociale rettigheder i det pågældende land. Dette følger af dommen i C-39/86 Sylvie Lair mod Universität Hannover [1988].

126

udløb, og uanset at den kun løb i 2½ måned.[12] Og i øvrigt også uanset, at det kan sandsynliggøres, at det at påbegynde studiet med understøttelse hele tiden har været hensigten og målet med manøvren. I 2013 blev Danmark f.eks. – fuldkommen forventeligt – dømt ved EU-Domstolen i en sag, hvor man havde givet afslag på SU til en studerende, der havde søgt om og fået optagelse på Handelshøjskolen i København, og som derefter havde søgt og fået midlertidig arbejde muligvis og sandsynligvis med henblik på at opnå status som arbejdstager i EU-retlig forstand og dermed opnå ret til at modtage fuld SU.[13] At der skulle være tale om perifært deltidsarbejde til en løn, der ligger under mindstelønnen, er heller ingen begrænsning for at få det gyldne stempel som EU-arbejdstager med alle de rettigheder, der følger deraf.[14]

At denne gradvise, men dog ganske markante, udvidelse af EU's sociale dimension er sket via udvandingen af begrebet "arbejdstager", har den betydning, at det politiske ansvar i og for udviklingen er blevet ganske diffust, selvom det altså – som vist ovenfor – langt fra alene er EU-Domstolen, der står fadder til udviklingen; den har blot udnyttet det spillerum, der er blevet den givet – og denne udnyttelse er blevet både accepteret og kodificeret. Reglernes politiske omdrejningspunkt er forblevet arbejdstageren og det indre marked for arbejdskraft. Alt er således ændret, men politisk synes det til stadighed at være forblevet det samme. Omdrejningspunktet er ikke Unionens eventuelle socialpolitik, men derimod det indre marked, som generelt prises langt højere

---

[12] Det følger af dommen i C-431/01 Franca Ninni-Orasche mod Bundesminister für Wissenschaft, Verkehr und Kunst [2003], der omhandler en italiener bosat i Østrig.

[13] Se dommen i C-46/12 L.N. mod Styrelsen for Videregående Uddannelser og Uddannelsesstøtte [2013].

[14] Det følger af dommen i C-139/85 R.H. Kempf mod Staatssecretaris van Justitie [1986]. Denne konkrete sag blev så meget desto mere speget af, at hovedpersonen i sagen havde en løn, der var så lav, at han i en periode modtog et supplement til sin løn i form af et kontant tilskud fra det offentlige. Dette til trods måtte hans beskæftigelse stadig anses som reel, hvorfor han kunne benytte sine rettigheder som EU-arbejdstager.

på tværs af alle medlemslande,[15] og derved er der politisk ikke tilføjet noget nyt – selvom både den reelle og den juridiske virkelighed altså ser markant anderledes ud. Det medfører, at den grundige politiske diskussion af dette område også udebliver, og europæiseringen kommer til at foregå bemærkelsesværdigt "stille" og uden for både politisk og offentlig opmærksomhed; det var i al fald i udpræget grad tilfældet helt frem til den nyeste tid.[16]

Arbejdstagerbegrebet er dog ikke det eneste omdrejningspunkt, for i overgangen fra Fællesskab til Union i begyndelsen af 1990'erne indførte man også et unionsborgerskab,[17] som man sidenhen i varierende grad har forsøgt at sætte noget kød på – også på det sociale område.[18] Og også på dette område er udviklingen langt fra alene drevet af en aktivistisk domstol. Den seneste udvikling på dette område er således, at man i Europa-Kommissionen arbejder på en længere række tiltag under skriften "a European Pillar of Social Rights".[19] Dette er på mange måder et ganske

---

[15] Oftest er det således snarere et spørgsmål om ikke-diskrimination, jf. f.eks. art. 18 TEUF, mellem nationale og ikke-nationale arbejdstagere, der er omdrejningspunktet, snarere end en egentlig, positiv og materiel opbygning af sociale regler på EU-området.

[16] Se Morten Jarlbæk Pedersen (2015): Real-World Europeanisation: the silent turning of small gears. *Policy Studies*, vol. 38/1, s. 91-107. For en kortere gennemgang af europæiseringen af den danske socialstat i almindelighed, se Morten Jarlbæk Pedersen (2017): Europeanisation – are we aware what is happening? *The Policy Space*, www.thepolicyspace.com.au/2017/15/169-europeanisation-are-we-aware-what-is-happening (senest lokaliseret 4. juni 2018).

[17] Art. 20 TEUF.

[18] Nogle af de mest omtalte sager på dette felt er C-184-99 Rudy Grzelczyk mod Centre public d'aide sociale d'Ottignies-Louvain-la-Neuve [2001] og C-209/03 The Queen, på vegne af Dany Bidar mod London Borough of Ealing og Secretary of State for Education and Skills [2005].

[19] Jeg har tidligere kort behandlet dette tiltag, se Pedersen, Morten Jarlbæk (2017): En social union alligevel? *Årsskriftet Critique*, www.aarsskriftet-critique.dk/2017/02/en-social-union-alligevel/ (senest lokaliseret 4. juni 2018). Derudover arbejder man også på en opdatering af regelgrundlaget, se Rådet

bemærkelsesværdigt tiltag, der dog flugter ganske udmærket med den generelle udvikling på området.

EU's muligheder for selv at udvide sine kompetencer: Integrationen har også en indre drivkraft

Det sociale område er dog langt fra det eneste eksempel på, at der i EU-henseender kan være et stykke vej fra udgangspunktet til dagens realiteter. Også inden for det – skulle man mene – temmelig følsomme område om kompetencefordelingen mellem medlemslandene og EU-institutionerne ser virkeligheden reelt ganske anderledes ud, end man skulle tro.

I EU-retten plejer man – lidt forsimplet – at sige, at EU har de kompetencer, som traktaterne giver EU.[20] Unionen kan således ikke selv opfinde nye opgaver eller påtage sig nyt ansvar, hvis man ikke kan finde hjemmel til det i traktaten.

Men virkeligheden er som altid mere fleksibel end traktaterne. Et godt eksempel herpå er den praksis, der har udviklet sig i kølvandet på den såkaldte AETR-dom fra 1970. I denne dom slog EU-Domstolen fast, at Unionen – dengang EF – har ret til at påtage sig yderligere kompetencer, hvis det er nødvendigt for, at man effektivt kan leve op til de krav, der stilles for at opfylde sine mål inden for et bestemt område, hvor man har fået visse kompetencer. Ja, det var kryptisk formuleret, og helt konkret handlede dommen om, at EU har ret til at påtage sig kompetence til at indgå internationale aftaler inden for områder, hvor EU ellers ikke eksplicit er blevet tildelt nogen international kompetence,

---

for den Europæiske Union: (2018): *Press release: Coordination of social security systems: Council agrees general approach.* www.consilium.europa.eu/en/press/press-releases/2018/06/21/coordination-of-social-security-systems-council-agrees-general-approach/ (senest lokaliseret 24. juni 2018). Denne opdatering har bl.a. til hensigt at stramme reglerne en smule; mere herom nedenfor.

[20] Ifølge art. 4 (TEU) *"forbliver beføjelser, der ikke er tildelt Unionen i traktaterne, hos medlemsstaterne."* Og ifølge art. 5 (TEU) er *"[a]fgrænsningen af beføjelser er underlagt princippet om kompetencetildeling."*

men alene har fået reguleringsbeføjelser internt i EU. Domstolen tydeliggør selv dette princip i en senere udtalelse:

> *Domstolen har desuden fastslået, at såfremt der med henblik på virkeliggørelsen af et bestemt mål ved fællesskabsretten er tildelt disse institutioner kompetence internt, har Fællesskabet kompetence til at påtage sig de nødvendige internationale forpligtelser til virkeliggørelse af dette mål, også selv om der ikke findes nogen udtrykkelig bestemmelse herom.*[21]

Dette princip bryder på en måde med princippet om, at EU kun må det, som man eksplicit har givet EU lov til. Med AETR-princippet kan EU(-Kommissionen) nemlig af egen drift udvide sine kompetencer. Og citatet ovenfor stammer fra EU-Domstolens udtalelse fra 2006 om Lugano-konventionen[22]; der er således tale om et veletableret og knæsat princip i EU-retten, som i dag stadig anvendes aktivt – et princip, som vel at mærke ikke rigtig har mødt reel, politisk modstand. Bemærk desuden, at også den oprindelige dom – AETR-dommen – blev afsagt, *før* det danske medlemskab af EU, hvorfor der altså (igen) ikke er tale om en situation, der burde overraske danske politikere i moderne tid (hvilket det dog tydeligvis gør, siden Folketinget i så sent som i 2006 måtte bede Udenrigsministeriet forklare rækkevidden af dette princip).[23]

---

[21] EU-Domstolen (2006): *Udtalelse 1/03 af 7. februar 2006 om Fællesskabets kompetence til at indgå den nye Luganokonvention om retternes kompetence og om anerkendelse og fuldbyrdelse af retsafgørelser på det civil- og handelsretlige område.*

[22] Lugano-konventionen er en aftale mellem EU og Danmark og en række ikke-EU-lande til regulering af hvilke domstole, der har jurisdiktion hvornår i civile og handelsretlige tvister. Danmark er signatur (og ikke bare dækket af EU's generelle regler på området) pga. Danmarks retsforbehold. Den oprindelige Lugano-konvention er fra 1988, men der blev indgået en ny i 2007, se www.ec.europa.eu/world/agreements/downloadFile.do?fullText=yes&treatyTransId=13041 (senest lokaliseret 24. juni 2018).

[23] Folketinget (2006): *Udenrigsministeriets svar på Europaudvalgets spørgsmål nr. 1,* (EUU alm. del), folketingsåret 2006-2007.

Opsummerende kan vi altså konstatere, at på to af de forventeligt mest følsomme områder – socialpolitik og spørgsmålet om kompetencefordelingen mellem EU og medlemslandene – er udviklingen overordnet set alene gået i én retning: mod flere og mere direkte kompetencer til Unionen. Samtidig er det er langt fra alene noget, der er sket som følge af en åben, politisk debat i det offentlige rum. Og også i tiden mellem traktatændringerne drives udviklingen kontinuerligt fremad.

Integrationen har både en politisk og en juridisk motor
Den opmærksomme læser vil have lagt mærke til, at det ikke kun er den ellers tit kritiserede EU-Domstol, der har været motoren bag integrationen i de ovennævnte eksempler. Bevares, EU-Domstolen har haft og har fortsat meget stor betydning – men den kan altså ikke gøre det alene.

AETR-dommen og den efterfølgende retstilstand er et glimrende eksempel herpå. Jovist, der er tale om en dom fra domstolen, men omvendt har princippet aldrig rigtig mødt (reel) politisk modstand. Muligvis skyldes denne manglende modstand, at medlemslandene har været meget godt tilfredse med ordningen. Dette ændrer imidlertid ikke på det faktum, at vi her er vidne til et samspil mellem den juridisk og den politisk drevne integration – et samspil, som betyder, at integrationen blev drevet yderligere fremad. På det sociale område kan vi se fuldstændig samme samspil og med samme resultat.

Hvordan kan vi forstå dette samspil? Et sted at begynde er dog den teoretiske behandling af den europæiske integration. Alle gode studerende ved de politologiske institutter i Danmark er blevet hevet gennem undervisning i de såkaldte integrationsteorier, der påstår at indfange selve sjælen i EU's udviklingsdynamik. På den ene side finder vi de (neo)funktionalistiske teorier, i hvilke det påstås, at systemet har sin egen dynamik, der tvinger integrationen fremad; integration på ét område nødvendiggør integration på det næste. På den anden side finder vi de intergovernmentalistiske teorier, i hvilke det sat lidt på spidsen påstås, at medlemsstaterne er det centrale omdrejningspunkt, og at EU-systemet intet kan og intet gør, uden eksplicit impetus og/eller accept fra nationalstaterne.

Disse to teoretiske standpunkter er selvsagt konstruerede, og langt de fleste eksperter på området vil vende sig mod dem og pege på deres egen særlige variant – især i dag, hvor disse teorier efterhånden er noget bedagede. Ikke desto mindre tjener de godt til illustration af tilgangen: Mener man, at EU-systemet drives frem politisk af medlemsstaternes eksplicitte og artikulerede ønsker? Eller har systemet sin egen, indre dynamik?[24]

Selvom fremstillingen af de to teoretiske yderpoler således er noget fortegnet her, kunne meget dog tyde på, at man for at forstå Unionen i dag må skele i retning af begge teoretiske tilgange på samme tid. For integrationen i EU er nemlig langt fra alene drevet af "spill-over"-effekter fra et politikområde til det næste. Og den er ej heller alene drevet af medlemsstaternes specifikke og veldefinerede ønsker til udviklingen. Næ, det er snarere en ufin kombination af begge dele. Den europæiske integration har både en juridisk og en politisk motor.

Lidt polemisk kan man sige, at dette samspil ofte følger en ganske særlig formel: På det første trin vedtager medlemslandene en traktat eller retsakt, og udråber i den forbindelse en række overordnede formål, mål eller principper for den pågældende retsakt. På det andet trin griber domstolen faklen og udvider gradvist traktatens eller retsaktens anvendelsesområde formelt eller materielt – f.eks. ved at henvise til, at man tolker retsakten i overensstemmelse med Unionens overordnede formål[25] eller ved

---

[24] For at forstå disse idealtypiske positioner er vejen frem at kigge i nogle af de teoretiske oversigter, der findes på området, som f.eks. George, Stephen & Bache, Ian (2001): *Politics in the European Union*. Oxford: Oxford University Press, s. 5-16.

[25] Dette sker ved, at domstolen henviser til "l'esprit, l'economie et les texte du traité" – hvorved der altså opstår et hierarki, hvor man først skal tage hensyn til traktatens "ånd", derefter til dens "økonomi" (altså det samlede system) og sluttelig skal tage hensyn til dens konkrete tekst. Den retorisk smukke formulering stammer fra den meget berømte van Gend en Loos-dom fra 1963 – se

at henvise til, at man må læse retsakten så bredt som muligt, hvis den skal kunne have reel, effektiv virkning.[26] Og på det tredje trin træder politikerne igen ind på scenen og konkluderer, at retstilstanden er ændret, hvorefter man accepterer og kodificerer den udvidelse og udvikling, som domstolen har foranstaltet, eventuelt suppleret med visse justeringer.[27] Derefter begynder cirklen igen. Bemærk, at der er intet på trinene 2 og 3, der følger af hverken logisk, juridisk eller politisk nødvendighed. Der er ikke tale om neofunktionalistisk "spill-over" alene; og der er heller ikke tale om, at medlemslandene dikterer retningen alene.

På det sociale område findes flere eksempler på denne dynamik. Det måske mest illustrative eksempel er sagen om de såkaldte "særlige, ikke-bidragspligtige ydelser", og jeg skal beklage, hvis det her bliver en smule teknisk: I perioden fra 1960'erne til 1980'erne udvidede EU-Domstolen det antal sociale ordninger, som var underlagt EU-reguleringen på området. Omdrejningspunktet her er skellet mellem social sikring og social forsorg. Det første er arbejdsmarkedet, det andet er socialpolitik; det første er relevant for vandrende arbejdstagere, det andet er medlemsstaternes velfærdspolitiske anliggende. Derfor var der en del medlemsstater, der ikke var helt tilfredse med udviklingen, og således forsøgte man at opstille en juridisk grænsebom, hvor man kunne.

---

dommen i C-26/62 NV Algemene Transport- en Expeditie Onderneming van Gend & Loos vs. Administration fiscale néerlandaise [1963]. Bemærk, at denne dom – og derfor også dens implikationer – altså havde været kendt i knapt et årti, da Danmark trådte ind i Fællesskabet i 1973.

[26] Dette kaldes "effet utile" og er også et veletableret fortolkningsprincip i EU-retten.

[27] Denne særlige dynamik har jeg også overfladisk beskrevet i Morten Jarlbæk Pedersen (2017): Tillykke EU! Quo Vadis? *Årsskriftet Critique*, http://aarsskriftet-critique.dk/2017/03/tillykke-eu-quo-vadis/ (senest lokaliseret 4. juni 2018).

Resultatet var, at man i begyndelsen af 1990'erne fik vedtaget et supplement til reglerne.[28] I denne supplerende forordning oplistede man eksplicit en række helt konkrete ydelser, som man – i forlængelse af EU-Domstolens praksis – nok accepterede skulle være en dækket af EU-reglerne, og som EU-arbejdstagere skulle have adgang til. Men modsat alle andre ydelser skulle man ikke have muligheden for at eksportere dem til sit eget land. Eller sagt med andre ord: Du kunne som EU-arbejdstager godt modtage én af disse særlige ydelser, men du måtte ikke modtage den, hvis du ikke opholdt dig i det land, der tilbød dig den. Dette er en undtagelse, for normen er ellers, at man gerne må tage en ydelse, man har ret til, med sig til et andet land – så længe man altså opretholder sin status som "arbejdstager".

Dette var de nævnte "særlige, ikke-bidragspligtige ydelser": Ydelser, der er "særlige" for situationen i det land, de gives i, og "ikke-bidragspligtige", fordi der f.eks. ikke må være tale om forsikringsordninger – som man som EU-borger jo så bare kan tilmelde sig og betale til – hvorfor de altså skulle undtages fra den generelle regel om muligheden for at eksportere en ydelse fra et EU-land til et andet. Boligstøtten til pensionister i Danmark er et eksempel på en sådan ydelse, man således ikke kan modtage i andre lande – folkepension og børnepenge må man derimod gerne modtage, selvom man ikke bor i Danmark.[29]

Domstolen accepterede i første omgang, at medlemslandene havde defineret en række ydelser, som EU-reglerne ikke skulle gælde fuldstændig for[30] – altså lige indtil man begyndte at

---

[28] Rådet for de Europæiske Fællesskaber (1992): *Rådets forordning (EØF) nr. 1247/92 af 30. april 1992 om ændring af forordning (EØF) nr. 1408/71 om anvendelse af de sociale sikringsordninger på arbejdstagere, selvstændige erhvervsdrivende og deres familiemedlemmer, der flytter inden for Fællesskabet.* EFT L 136, 19.05.1992, s. 1-6.

[29] Se Rådet for den Europæiske Union (2004): *Europa-Parlamentet og Rådets forordning (EF) nr. 883/04 af 29. april 2004 om koordinering af de sociale sikringsordninger.* EUT L 200, 07.06.2004, s. 1-49, bilag X.

[30] Se f.eks. dommene i C.20/96 Albert Snares mod Adjudication Officer [1997] hhv. C-297/96 Vera A. Partridge mod Adjudication Officer [1998].

pille visse ydelser af listen.[31] Og da man i begyndelsen af 00'erne så skulle revidere reglerne på området, accepterede og kodificerede medlemslandene domstolens ændringer i regelsættet.[32] Selvom det altså gik ordret mod den ordning, som medlemsstaterne selv havde etableret kun 10-15 år tidligere.

I 2018 er der noget, som tyder på, at denne cirkulære udvikling begynder forfra igen. Man er netop i færd med at revidere den forordning, der regulerer adgangen til sociale ydelser i andre EU-lande – og her ønsker man politisk (læs: i ministerrådet – for det skal også lige en tur forbi Europa-Parlamentet) faktisk at stramme en lille smule op ved f.eks. at kræve, at man skal have arbejde en måned i et andet EU-land, før man kan få dagpenge dér.[33] Til gengæld så kodificerer man også EU-Domstolens praksis hidtil. Altså en situation ikke ulig den med de særlige, ikke-bidragspligtige ydelser i begyndelsen af 1990'erne.

Selvom den ofte bliver kritiseret for det, er der således meget, der tyder på, at EU-Domstolen så langt fra er politisk tonedøv, men faktisk tilpasser sine domme til de politiske vinde, der

---

[31] Det begyndte den på lige omkring årtusindskiftet, se C-215/99 Friedrich Jauch mod Pensionsversicherungsanstalt der Arbeiter [2001]. I den konkrete sag erklærede domstolen, at en østrigsk plejeydelse til pensionister skulle kunne modtages i andre EU-lande, selvom den var en del af listen i forordning 1247/92.

[32] Rådet for den Europæiske Union (2004): *Europa-Parlamentet og Rådets forordning (EF) nr. 883/04 af 29. april 2004 om koordinering af de sociale sikringsordninger.* EUT L 200, 07.06.2004, s. 1-49.

[33] Rådet for den Europæiske Union: (2018): *Press release: Coordination of social security systems: Council agrees general approach.* www.consilium.europa.eu/en/press/press-releases/2018/06/21/coordination-of-social-security-systems-council-agrees-general-approach/ (senest lokaliseret 24. juni 2018). Normalt skal man i Danmark have arbejdet betydeligt længere end én måned for at kunne få dagpenge – men ifølge EU-reglerne har man som EU-arbejdstager ret til at tælle forsikringsperioder optjent i andre lande med i beregningen af, om man lever op til kravene i f.eks. Danmark. Den foreslåede opstramning siger alene, at man nu skal have arbejdet i Danmark i én måned, før man må foretage denne sammenlægning af forsikringsperioder. Der er altså tale om en endog ganske begrænset opstramning.

blæser i EU-systemet og i medlemslandene.[34] I hvert fald i en periode. Og selvom medlemslandene ofte kritiseres for ikke at tage et opgør med EU-Domstolen, er der meget, der tyder på, at de forsøger at imødegå og håndtere dele af domstolens bidrag til den retlige udvikling. I hvert fald nogle gange og på nationalt plan.[35] Men en endelig afklaring af forholdet har man aldrig fået.

Og det er denne manglende afklaring, der er det egentlige problem, for den skaber rammerne for et samspil mellem det politiske og det juridiske niveau, som betyder, at udviklingen nok bevæger sig i ryk, i zig-zag og med skiftende hastigheder, men altså samtidig sikrer, at integrationen overordnet set alene bevæger sig i én retning, da der aldrig rigtig er nogen, der siger fra, eller noget, der definerer en grænse.

Undersøgelsens anden forudsætning: En beskrivelse af EU's nuværende udviklingsstade

På baggrund af afsnittene ovenfor kan vi konstatere, at EU har en integrationsmotor, der vedvarende kører, om end i forskellige hastigheder fra tid til anden. Og denne motor har efterhånden kørt

---

[34] Se f.eks. dommen i C-333/13 Elisabeta Dano og Florin Dano mod Jobcenter Leipzig [2014], hvor domstolen accepterede, at medlemslandene godt måtte nægte EU-borgere adgang til de såkaldte "særlige, ikke-bidragspligtige ydelser", "for så vidt som disse statsborgere fra andre medlemsstater ikke har en ret til ophold i værtsmedlemsstaten i medfør af direktiv 2004/38", jf. domstolens konklusion. Denne konklusion er hverken kontroversiel eller overraskende, men denne (og andre) domme viser dog, at domstolen har en vis grad af lydhørhed, selvom denne lydhørhed bestemt ikke bør overdrives, sådan som f.eks. Tænketanken Europa gør det i sin analyse af dommen, se Lauridsen, Nadja Schou (2016): Lydhør EU-Domstol sætter stopper for sociale ydelser til ikke-erhvervsaktive. www.thinkeuropa.dk/sites/default/files/notat_lydhoer_eu-domstol_saetter_stopper_for_sociale_ydelser_til_ikke_erhvervsaktive.pdf (senest lokaliseret 21. juni 2018).

[35] Medlemsstaternes muligheder for og forsøg på at håndtere den retsudvikling, som domstolen iværksætter, er gennemgået i Dorte Sindbjerg Martinsens imponerende doktorafhandling fra 2015, se Martinsen, Dorte Sindbjerg (2015): An Ever More Powerful Court? The political constraints of legal integration in the European Union. Oxford: Oxford University Press.

i så mange år, at der ikke længere kan herske nogen tvivl om, at EU må betragtes som en selvstændig retsorden. Det har EU-Domstolen da også understreget ganske eksplicit og det i mere end 50 år.[36] Konklusionen er, at EU således ikke alene består af sine medlemmer og deres politiske systemer, men må og skal betragtes som et system i sin egen ret. Det betyder også, at al snak om, at EU alene er, hvad medlemsstaterne gør det til, er forkert.

Men hvor stiller det os i dag? Hvor langt er man reelt nået? Her vil jeg begrænse mig til kort at behandle to aspekter af dette ellers voldsomt omsiggribende spørgsmål: Først det indre markeds status og dernæst betydningen og vægten af den generelle, økonomiske koordinering.

Det indre marked: skueplads for en ny føderalisme?
Det indre markeds forfatningspolitiske status er ubetinget det mest oplagte sted at begynde sine undersøgelser, hvis man vil forstå, hvad EU er for en størrelse i dag. Dette skyldes, at det indre marked historisk har været først Fællesskabets og senere Unionens helt fundamentale og centrale omdrejningspunkt. Selv i nyere tid er det under overskriften "det indre marked", at man har kastet sig ud i f.eks. EU-fælles forbrugerregulering[37] eller et

---

[36] Se især den meget berømte dom i C-6/64 Flaminio Costa mod ENEL [1964]. Dette argument om EU som en selvstændig retsorden benytter EU-Domstolen også i nyere tid for at understrege EU's selvstændige natur vis-á-vis både medlemsstater og andre internationale organisationer, se f.eks. Thomas Elholm (2008): EU-dom sikrer rettigheder for terrormistænkte. *Advokaten*, vol. 2008/8, www.advokatsamfundet.dk/Service/Publikationer/Tidligere%20artikler/2008/Advokaten%208/EU%20dom%20sikrer%20rettigheder%20for%20terror-mistaenkte.aspx (senest lokaliseret 21. juni 2018).

[37] På dette område har man bl.a. lavet fælles forbrugerregler for e-handel, se Rådet for den Europæiske Union (2011): *Europa-Parlamentet og Rådets direktiv 2011/83/EU af 25. oktober 2011 om forbrugerrettigheder, om ændring af Rådets direktiv 93/13/EØF og Europa-Parlamentets og Rådets direktiv 1999/44/EF samt om ophævelse af Rådets direktiv 85/577/EØF og Europa-Parlamentets og Rådets direktiv 97/7/EF.* EUT L 304 af 22.11.2011, s. 64–88. Direktivet er en del af et større EU-retsligt kompleks til regulering af forbruger- og købsforhold i medlemssta-

nyt fokus på et digitalt indre marked, herunder fælles regler for håndtering af persondata,[38] etablering af fri bevægelighed for data på tværs af EU-landegrænser[39] og mulige kommende regler for beskyttelse af ophavsret.[40]

Spørgsmålet, man skal stille sig selv, er dog, om det indre marked udfylder sin rolle som integrationsmotoren *par excellence* på samme måde som tidligere?

Svaret er nej – tilgangen til det indre marked er i dag anderledes end førhen. Nyere tiltag adskiller sig i et vist omfang fra det, man har set historisk. I dag er målet ikke længere at nedbryde barrierer for bevægelighed på tværs af landegrænserne, men derimod positiv opbygning af fælles regelsæt. Målet er (ofte) total- eller maksimumsharmonisering, frem for tidligere tiders fokus på (nogle gange lave) minimumsstandarder.

---

terne. Dette direktiv blev vedtaget for at styrke e-handelen på tværs af landegrænser i EU, selvom det ikke er usandsynligt, at det måske faktisk skaber flere barrierer for især mindre e-handlende, end det skaber muligheder for samme, se Morten Jarlbæk Pedersen (2015): 'Give Me My Money Back"' or Why the Consumer Rights Directive can hardly do what it is supposed to do. I T. Vranešević (red.): *2015 M-Sphere Book of Papers*. Zagreb: Accent, s. 147-158. Også senere tilføjelser til de EU-retlige forbruger- og køberegler har mødt skarp kritik på samme grundlag, se f.eks. Detailfolk.dk (2016): *Danske netbutikker raser over ny EU-købelov.* www.detailfolk.dk/detailnyheder/danske_netbutikker_raser_over_ny_eu-kbelov.html (senest lokaliseret 21. juni 2018).

[38] Rådet for den Europæiske Union (2018): *Europa-Parlamentets og Rådets forordning (EU) 2016/679 af 27. april 2016 om beskyttelse af fysiske personer i forbindelse med behandling af personoplysninger og om fri udveksling af sådanne oplysninger og om ophævelse af direktiv 95/46/EF.* EUT L 119, 04.05.2016, s. 1-88.

[39] Europa-Kommissionen (2018): *Press release: Digital Single Market: EU negotiators reach a political agreement on free flow of non-personal data.* www.europa.eu/rapid/press-release_IP-18-4227_en.htm (senest lokaliseret 21. juni 2018). Den fri bevægelighed for data benævnes endda den "femte frihed", der skal supplere de fire friheder, som EU traditionelt er bygget på: den frie bevægelighed for varer, tjenesteydelser, kapital og arbejdskraft.

[40] Se Rådet for den Europæiske Union (2018): *Proposal for a directive of the European Parliament and of the Council on copyright in the Digital Single Market – Agreed negotiating mandate.* 2016/0280 (COD).

Og det er faktisk et større brud, end man måske lige vil være ved. Det indre marked er uden sammenligning den største kilde til EU-regler. Så hvis man på dette område begynder at ville definere sin tilgang til regelproduktionen positivt frem for negativt, rammer det ikke blot nogle perifere reguleringsfelter; det rammer det område, hvor EU har de fleste og største lovgivnings- og reguleringskompetencer, og hvor argumenterne for ny EU-regulering traditionelt har været de stærkeste.

Tilgangen til integrationen på dette område er således anderledes end før, og bevægelsen går mod at begrænse medlemslandenes muligheder for at tilpasse sig den rammelovgivning, som EU står for. I bevægelsen væk fra rammelovgivning og mod total- eller maksimumsharmonisering vil man opleve, at indholdet af lovgivningen bliver mere politisk relevant: Netop fordi, medlemslandene ikke har samme muligheder for at tilpasse sig, bliver alle detaljerne af indholdet af den totalharmoniserende EU-retsakt af så meget desto større politisk relevans. For *hvordan* ønsker man så at harmonisere?

Og her mærkes faktisk en tendens: Det indre marked bruges som rambuk for at regulere både virksomheds- og forbrugerforhold i detaljen, og selvom den juridiske hjemmel er det indre marked, er det politiske omdrejningspunkt ofte et andet. Forbrugerreglerne er igen et godt eksempel på dette. Direktivet om, at offentlige organers hjemmesider skal være tilgængelige for handicappede, er et andet.[41] I begge tilfælde – forbrugerregler hhv. tilgængelighed af hjemmesider og mobilapplikationer – henvises til art. 114 TEUF, der omhandler det indre markeds funktionalitet. Og i begge tilfælde kan man eksplicit i præamblen til den relevante retsakt konstatere, at der er ind til flere politiske hensyn taget ud over hensynet til det indre markeds funktionalitet alene. Og det foreslåede direktiv om, at internetplatforme skal holdes ophavsretligt ansvarlige for deres brugeres adfærd, kan ses som

---

[41] Se Rådet for den Europæiske Union (2016): *Europa-Parlamentets og Rådets direktiv (EU) 2016/2102 af 26. oktober 2016 om tilgængeligheden af offentlige organers websteder og mobilapplikationer.* EUT L 327 af 01.12.2016, s. 1-15.

eksempel på, at det politiske omdrejningspunkt muligvis er det indre marked, men hvor implikationerne af den detaljerede regulering rækker langt derudover.[42]

Traditionelt har det indre marked været den altoverskyggende årsag blandt borgerligt sindede mennesker for at ønske sig et større og stærkere EU. Erhvervsinteresserne var de bærende. Hensynet til flæskeeksporten og alt det der. Men reguleringen af det indre marked er både blevet mere føderalt orienteret, og føderalismen er i højere grad begyndt at tage udtryk i et ønske om indgribende detailregulering af det indre marked. Det gør føderalismen venstreorienteret, hvis ikke socialdemokratisk eller endog socialistisk på mange måder. Og denne føderalisme bliver båret frem af et ministerråd med et flertal af ikke-socialistiske regeringsledere, en ikke-socialistisk kommission og et Europa-Parlament med et flertal til de ikke-socialistiske partier, hvilket jo ret beset er temmelig paradoksalt. Med et farvel til de traditionelt genstridige og liberalt sindede briter,[43] forstærkes denne tendens kun.

Den generelle, økonomiske koordinering fylder stadig mere

Modsat hvad mange går rundt og tror, så har EU faktisk kun meget ringe muligheder for at koordinere og styre sine medlemslandes økonomiske politik. Eller mere præcist: Ringe muligheder for at styre sine medlemslandes *fiskale* politik, idet pengepolitikken i

---

[42] Dette direktiv kritiseres for at gøre en ganske massiv overvågning af internetadfærd til udgangspunktet for al internetadfærd ved at kræve, at internetplatforme – f.eks. Facebook og LinkedIn, men også mindre og nyere platforme – systematisk overvåger al brugerindhold for eventuelle brud på ophavsretten, se bl.a. Lund-Hansen, Christoffer (2018): Interneteksperternes mareridt er gået i opfyldelse: EU godkender omstridt direktiv, der "ødelægger internettet for altid". *Computerworld*, www.computerworld.dk/art/243799/interneteksperternes-mareridt-er-gaaet-i-opfyldelse-eu-godkender-omstridt-direktiv-der-oedelaegger-internettet-for-altid (senest lokaliseret 22. juni 2018).

[43] Se Pedersen, Morten Jarlbæk & Louw, Alexander Møller (2016): Brexit kan skade Danmark – UK er en naturlig allieret. *Dansk Erhverv Analysenotat*, 2016/09.

EU i almindelighed og i eurozonen i særdeleshed jo er styret i kraft af euroen og Den Europæiske Centralbank.

Den finansielle og økonomiske krise fra 2008 og frem har dog tydeliggjort, at med pengepolitisk integration følger et naturligt behov for en højere grad af fiskal integration. EU-traktaterne står dog i vejen for dette gennem en række fuldkommen eksplicitte forbud: Den Europæiske Centralbank må ikke give EU-institutioner eller medlemslande "mulighed for at foretage overtræk eller at yde dem andre former for kreditfaciliteter, og det samme gælder Den Europæiske Centralbanks og de nationale centralbankers køb af gældsinstrumenter",[44] EU må ikke sikre privilegeret adgang til finansiering for medlemsstaterne,[45] og EU må ikke hæfte for eller overtage medlemsstaternes gældsforpligtelser.[46] Og kombinationen af øget behov for koordinering (fremprovokeret af skæbnefællesskabet i den fælles valuta) og de traktatmæssige begrænsninger herfor betyder, at den økonomiske koordinering i mere eller mindre uformelle institutioner får stadig stigende betydning. Og her vil jeg i særlig grad pege på to sådanne institutioner, nemlig det såkaldte europæiske semester og eurogruppen.[47]

Det europæiske semester er ikke engang nævnt i Lissabontraktaten, men er en ramme for koordinering af de økonomiske politikker, indført i 2010. Eurogruppen er nævnt i Lissabon-traktaten, men primært i en protokol, hvori det beskrives, at "[m]inistrene fra de medlemsstater, der har euroen som valuta, mødes uformelt. Disse møder finder sted efter behov for at drøfte spørgsmål i tilknytning til det specifikke ansvar, som de deler for

---

[44] Art. 123 TEUF.

[45] Art. 124 TEUF.

[46] Art. 125 TEUF.

[47] Man kunne også pege på proceduren i art. 126 TEUF, hvorved Rådet efter en kompliceret procedure kan sanktionere medlemsstater, hvis de har "uforholdsmæssigt store offentlige underskud" – men da denne bestemmelse jo næppe kan siges at have været brugt særlig flittigt endsige haft en opdragende effekt på medlemslandene, vil jeg ikke bruge mere tid på den her.

så vidt angår den fælles valuta."[48] Og det er sådan set det, man har at forholde sig til, hvad angår eurogruppen (udover en regel om, at eurogruppen vælger en formand for 2½ år ad gangen).

Deres uformelle natur til trods har disse to institutioner efterhånden fået ganske stor betydning. Strakte man sig lidt, er det ikke for meget at sige, at eurogruppen måske endda er en slags tilføjelse til selve Unionens forfatningsmæssige struktur – gruppen har i al fald potentiale for at blive det. Dette skyldes, at man i regi af eurogruppen mødes, drøfter og koordinerer eurozonens økonomiske politik, hvorefter man i samlet flok kan deltage i det europæiske semester (og andre steder). Da eurozonens lande udgør broderparten af EU's medlemsmasse, betyder det, at den økonomiske politik kan fastlægges uden hensyn til den samlede masse af EU-landes økonomisk-politiske præferencer, men alene med udgangspunkt i eurozonen. Europa-Kommissionens formands udtalelser om, at "[t]he euro is meant to be the single currency of the European Union as a whole,"[49] understreger, at det er i den retning, stærke kræfter i Bryssel ønsker at trække, og eurogruppen er redskabet hertil. Den aftale, som briterne forkastede ved en folkeafstemning, forsøgte at tage højde for dette ved helt tydeligt at definere eurogruppens rolle,[50] men i dag må vi altså leve med uklarheden.

Og denne uklarhed betyder, at eurogruppens vægt er stigende proportionalt med nødvendigheden af økonomisk koordinering i Unionen. Og den økonomiske koordinering betyder samtidig mere og mere, som flere lande kommer med i euroen, hvilket alle EU-lande med undtagelse af Danmark og Storbritannien

---

[48] Protokol nr. 14 om Eurogruppen, art. 1.

[49] Juncker, Jean-Claude (2017): *State of the Union Adress 2017*. http://europa.eu/rapid/press-release_SPEECH-17-3165_en.htm (senest lokaliseret 24. juni 2018).

[50] Det Europæiske Råd (2016): *European Council Meeting (18 and 19 February 2016) – Conclusions*. EUCO 1/16, www.consilium.europa.eu/media/21787/0216-euco-conclusions.pdf (senest lokaliseret 4. juni 2018), bilag 1, sektion A (særligt pkt. 5, p. 14).

faktisk er forpligtet til.[51] Det er på dette grundlag, at Europa-Kommissionen har foreslået at formalisere eurogruppen i langt højere grad end i dag ved bl.a. at gøre formanden for eurogruppen til næstformand i Europa-Kommissionen.

Det lyder måske teknisk, at man mødes i et forum frem for et andet, og at dette eller hint forum er formelt versus uformelt og så videre. Men det har faktisk temmelig vidtgående implikationer. En institutionalisering af eurogruppen er nemlig en ændring af den forfatningsmæssige balance i Unionen. I dag er det Europa-Parlamentet og det samlede Ministerråd, der tegner forretningen, men følger man Europa-Kommissionens tanker vil det i højere grad være en udvalgt skare i Ministerrådet og Europa-Kommissionen, der skal sidde for bordenden.[52]

Vi er ikke der endnu, hvor alt dette er formaliseret; men vi er der, hvor man eksplicit arbejder i den retning ud fra de uformelle muligheder, man allerede har i dag.

Stigende kritik af EU – en kilde til reform?

Her kunne man indvende, at kritikken af EU er stærkt tiltagende, hvorfor man måske kunne formode, at nogle af de tendenser, jeg har illustreret ovenfor, vil blive korrigeret.

Denne opfattelse hviler dog på to fejlslutninger. Den første fejlslutning er, at kritikken af EU i dag vedrører de her omtalte ting. Den primære årsag til uro og EU-kritik i dag, er Unionens uformåen, hvad angår løsning på udfordringerne med migration. Denne kritik forholder sig sjældent eksplicit til den udvikling, jeg har skitseret i det foregående.

---

[51] Det følger direkte af EU's "formålsparagraf", at "Unionen opretter en økonomisk og monetær union, der har euroen som valuta", jf. art. 3 (TEU).

[52] Europa-Kommissionens tanker herom har jeg også kort (og mere polemisk) behandlet i Morten Jarlbæk Pedersen (2017): Jeg hader at få ret: Jean-Claude Junckers drøm om et EU efter Brexit. *Årsskriftet Critique*, www.aarsskriftet-critique.dk/2017/09/jeg-hader-at-faa-ret-jean-claude-junckers-droem-om-et-eu-efter-brexit/ (senest lokaliseret 21. juni 2018).

Den anden fejlslutning er en antagelse om, at EU-kritikken i dag kan samles til en alternativ vision for fremtidens europæiske samarbejde. Dette er langt fra tilfældet. Selv blandt de mest kritiske medlemslande er uenighederne store.

Tilsammen betyder disse to forhold, at der fortsat vil blive indgået kompromiser om Unionens udvikling, og at det uafklarede kompetenceforhold mellem Unionen og dens medlemsstater vil forblive uafklaret. Og i den situation er der intet, der skulle forhindre, at lovgivningsmøllen – hvad end den er drevet af de lovgivende instanser i EU eller af EU-Domstolen – fortsat og ufortrødent maler videre, sådan som den har gjort siden 1950'erne. Og det med samme stadig mere føderale resultat, selvom de store og luftige visioner lider skibbrud gang på gang.

Konklusionen: Hvor kommer vi fra, hvor står vi i dag – og hvad kan vi deraf forvente?

Hvad viser denne undersøgelse os? Jo, den viser os, at den overordnede tendens i integrationen er tydelig – også på de områder, hvor man politisk ikke har talt højt og bredt om nødvendigheden af et tæt og juridisk sanktioneret samarbejde. Konklusionen er måske næppe overraskende, da enhver med øjne i hovedet kan se, at EU-samarbejdet i dag er et ganske andet end i 1950'erne.

Ikke desto har jeg her prøvet at vise, at udviklingen, der har bragt os hertil, skyldes et uafklaret forhold mellem en politisk og en juridisk integrationsmotor. Dette uafklarede forhold er så at sige bygget ind i selve Unionens konstruktion, og integrationen har således fået sin egen, indre dynamik. Samtidig viser undersøgelsen os, at Unionen i dag står foran en række valg med meget store implikationer. Valgene er ikke intenderede og politisk fremprovokerede, således som det f.eks. var tilfældet i 1980'erne, da man eksplicit ønskede at give integrationen lidt hjertemassage ved at sætte fut på udviklingen af det indre marked. Der er snarere tale om valg, der er fremprovokeret af en kombination af eksterne forhold og selvsamme integrationsdynamik, jeg har skitseret.

Netop fordi vi har et uafklaret og komplekst samspil mellem en politisk og en juridisk integrationsmotor, opstår et behov for en form for afklaring – og denne afklaring må samtidig bygge videre på den udvikling, som selvsamme integrationsmotor har skabt. Man nærmer sig et slags integrationens "tipping point", selvom det aldrig kommer til at stå helt klart, hvor det punkt præcist måtte ligge, hvis vi da ikke allerede har passeret det. Og stats-gældskrise og migrationskrise bidrager kun til at fremskynde dette "tipping point", da det bliver klart, at status quo ikke er holdbar.

De næste skridt op ad integrationsstigen må dog nødvendigvis være af en mere forpligtende, mere centraliseret og mere radikal natur end den udvikling, vi har set hidtil. Men det vil næppe fremstå sådan, da formen – som altid – er de små og gradvise juridiske justeringer, frem for virkeliggørelsen af det store spring fremad. Selvom EU altid har stået i et vadested, så er dette vadested altså anderledes; men vi må stadig forvente at komme over det – selvom det bliver med små skridt ad gangen.

Dette er naturligvis en provokerende tilstand, hvorfor reaktionerne da ej heller udebliver, og kritikken af EU er både stærk og tiltagende i mangen et EU-land: Ønsker man reelt at tage disse næste skridt? I Bryssel er man ikke tvivl - men hvad siger europæerne? Og er der slet ikke andre muligheder?

Morten Jarlbæk Pedersen (f. 1984) er cand.scient.pol. og ph.d. i statskundskab. Han arbejder til dagligt med politisk-strategisk rådgivning af virksomheder.

PÅ VEJ OP AD
NATURENS STIGE

AF CAND.SOC. PETER BJERREGAARD

I april 1968 besøgte den ungarske forfatter Arthur Koestler København. Han var i byen for at få overrakt Sonningprisen for sit bidrag til europæisk kultur. Koestler havde brudt med kommunismen i slutningen af 1930'erne og var blevet en af de største kritikere af Sovjetunionens totalitære regime. Koestler havde syv års medlemskab af det kommunistiske parti med sig i bagagen og mente således selv, at han havde mere erfaring med galskab end nogen praktiserende psykiater. "Man lever i en indbildningernes verden, hvor man forvansker kendsgerninger for at få dem til at passe til teorien," forklarede Koestler til Berlingske inden prisoverrækkelsen. I takketalen på Københavns Universitet præciserede han pointen, og forklarede, at naturen "har udstyret menneskearten med en hjerne, hvor vores følelsesbaserede tro er holdt adskilt og i evig konflikt med det fornuftsmæssige intellekt".

Pointen var alt andet end ny for ham. Allerede i 1944 havde han præsenteret et af de mest velargumenterede forsvarsskrifter for at bringe den følelsesdrevne del af vores bevidsthed i overensstemmelse med vores intellektuelle. I artiklen "The Nightmare That Is a Reality" i New York Times forsøgte Koestler at råbe offentligheden op om nazisternes forbrydelser. En opgave, som han ikke havde haft den store succes med. På dette tidspunkt havde han undervist amerikanske tropper i tre år, men som han forklarer i artiklen, så kunne han overbevise soldaterne i en times tid om koncentrationslejrenes eksistens, hvorefter det mentale selvforsvar slog til og affærdigede det som uvirkeligt og usandsynligt. Ni ud af ti amerikanere troede ikke på nazisternes forbrydelser på dette tidspunkt. De troede, at anklagerne var uvirkelige og opblæste.

Forklaringen på dette fænomen skal vi ifølge Koestler finde i vores psykologi. Det er en psykologisk kendsgerning, at vi har en begrænset mængde af opmærksomhed, og distance i tid og rum graduerer opmærksomhedens intensitet. Tallet 12 kender de fleste eksempelvis godt. Det er vi nogenlunde familiære med. Anderledes er det med tallet 32.500 millioner. Det er næsten kun en lyd. På samme måde er det lettere at relatere til en giraf ved navn Marius, der skal aflives, frem for det faktum, at mere end 26.000 arter verden over er truede af udryddelse, eller at mere end 70 % af den danske biodiversitet er i tilbagegang. Statistikker bløder ikke på samme måde. Vi er grundlæggende ikke bygget til at have en dyb intuitiv forståelse af det abstrakte, og vi kan kun fokusere på få stumper af virkeligheden ad gangen.

Men når vi bevæger os ud over det konkrete og afgrænsede, så sker der noget. Når vi står overfor begreber som evighed i tid eller uendelighed i rum, så fejler vores sanser fuldstændigt. For nemheds skyld opdeler Koestler vores bevidsthed i to niveauer; det trivielle og det absolutte. Vores modus operandi er det trivielle, hvor vi er døve og blinde for absolutte realiteter. Det er oftest, når vi bliver forelskede, får børn, ligger og kigger op på mælkevejen eller bliver konfronteret med døden, når en af vores nære dør, at vi oplever et niveauskifte. For en kort stund bevæger vi os op på det absolutte niveau med det nærmest kosmiske perspektiv på tingene. Tilbage på det trivielle niveau virker det oftest overgearet og sværmerisk. Omvendt får vores korte besøg på det absolutte niveau det trivielle niveau til at virke hult og middelmådigt.

Koestlers betragtninger er ligeså relevante i dag, som de var, da han besøgte København for et halvt århundrede siden. Begrænsningerne i vores opmærksomhed efterlader os med en af tilværelsens mest fundamentale opgaver, som hver person må løse med den største omhu, hvis man vil have et meningsfuldt liv med en form for overensstemmelse mellem indre værdier og ydre handlinger.

De fleste møder næsten ugentligt avisoverskrifter om nye varmerekorder, klimaflygtninge og advarsler fra forskere om nedgangen i dyrearter, men det er de færreste, der forbinder disse overskrifter med hverdagen og vores egne handlinger. Global opvarmning og biodiversitetskrisen forbliver abstraktioner, der ligger udenfor vores normale og trivielle modus operandi. Men sådan behøver det ikke at være. Vi kan (og bør) kultivere vores politiske bevidsthed, så vi føler en større grad af intensitet, når de tektoniske plader i vores filosofiske tænkning rykker sig, og Trump bliver valgt, Storbritannien melder sig ud af EU, Holland nedstemmer en EU-frihandelsaftale med Ukraine, eller vi læser en artikel, der påpeger, at samtlige koralrev på Verdensarvlisten er væk inden udgangen af dette århundrede, hvis vi fortsætter den nuværende kurs.

Udover måden som disse begivenheder påvirker os på, så er vi som minimum bundet til disse begivenheder ved måden vi handler eller ikke handler på dem, da det fortæller noget om vores karakter og person.

Fysiske og moralske kendsgerninger

Det er en banal indsigt, at vi er ansvarlige for det, vi gør, og det, vi ikke gør. Det kan naturligvis ikke være anderledes. Mange vil dog givetvis indvende, at ansvaret afhænger af en række forskellige faktorer, der gør det umuligt at opstille universelle kriterier for dette ansvar. Den historiske kontekst, som et individ befinder sig i, er altid forskellig, og derfor vil man aldrig kunne opstille universelle kriterier for dette ansvar. I sin essens er al moral kontekstafhængig og relativ, vil en tidstypisk kritik lyde.

Kritikken er dog ikke kun et opgør med ideen om det almenmenneskelige. Det er også et frontalangreb på oplysningstidens rationalisme, og forsøget på at udvikle en konsistent og logisk udlægning af moralske spilleregler. En tænker, der har givet et særligt stort bidrag til den europæiske, humanistiske tradition er den tyske 1700-talsfilosof Immanuel Kant.

"To ting fylder sindet med stadig fornyet og tiltagende beundring og ærbødighed, jo oftere og jo mere vedholdende der reflekteres over dem: stjernehimlen over mig og moralloven i mig." Sådan skrev Kant i sin Kritik af den praktiske fornuft. Det står i øvrigt også skrevet over hans gravsted. Bevæggrundene til beundringen og ærbødigheden er der god grund til at reflektere over. I år er det 475 år siden Nicolaus Kopernikus publicerede sin teori om det heliocentriske verdensbillede, hvor Solen, og ikke Jorden, var centrum. Kopernikus havde egentlig sat sig for at hjælpe kirken med at holde bedre styr på kalenderåret, og datere påsken mere præcist, ved at undersøge himmellegemerne. I stedet endte han med at flytte Jorden fra sin centrale position.

Med få undtagelser har de fleste i dag accepteret dette verdensbillede som et fysisk faktum. Anderledes er det med Kants morallove. Hvor fysiske fænomener relativt nemt kan efterprøves som sande eller falske, er det anderledes svært med moralske fænomener.

Historisk har udgangspunktet for de to typer af fænomener ellers i vid udstrækning været det samme. Naturfilosofien, dvs. naturvidenskaberne, og naturretten har fulgt hinanden, og var inspirationskilden til både den amerikanske uafhængighedserklæring og den franske menneskerettighedserklæring.

For hovedforfatteren bag den amerikanske uafhængighedserklæring, Thomas Jefferson, var moralske fakta ligeså vigtige som fysiske. På samme måde som naturlovene er ukrænkelige og ikke tillader undtagelser, så tillader universelle menneskerettigheder heller ingen undtagelser. Menneskerettighederne er moralsk set rigtige uanset om lovgivningen er indrettet efter dem eller ej, på samme måde som planeternes kredsløb findes, uanset om kirken indretter sig efter dem eller ej. Køber man først ideen om menneskets selvejerskab og værdighed, så er menneskets umistelige rettigheder den logiske følge, lyder argumentet.

Naturerkendelse er selvbevidsthed
Selvom den største intellektuelle udvikling på dette tidspunkt fandt sted i USA, Frankrig, Tyskland og Storbritannien, så var

denne tænkning også rodfæstet i dansk åndsliv. Ludvig Holbergs værk om *Naturens og Folkerettens Kundskab* fra 1716 er et ekko af oplysningstidens filosofi om den almenmenneskelig moral, der bygger på den sunde fornuft og samvittighed. Samme ræsonnementer går igen i den danske embedsmand og filosof Tyge Rothe, der i slutningen af 1700-tallet udgiver flere tekster om naturen, hvor han bl.a. gengiver menneskets natur ved "Evnen og driften til at kiende aarsager, og med dem at sammenbinde virkninger, hører til vor væsenhed: er vor uforanderlige natur: er vor fornuft: er vor erkiendelses, og vor selvbevidstheds, og vor selvfølelses grund".

Ligesom Kant mente Rothe, at vores naturerkendelse hænger sammen med vores selvbevidsthed. I samtiden var den opfattelse udbredt, og den tyske digter Friedrich Schiller bidrog med en række tekster om naturen og menneskets æstetiske dannelse, der heller ikke var helt uden forbindelse til Danmark. Teksterne blev skrevet på opfordring af Frederik Christian af Augustenborg, der sammen med Jens Baggesen og Ernst Schimmelmann hjalp Schiller med at forsørge sig selv og sin familie.

For Schiller var æstetikken omdrejningspunktet for menneskelivet. Tager vi ikke selv herredømmet over vores liv, tager vores banale natur i stedet styringen, var hans bekymring. Det bør i øvrigt her noteres, at æstetik – i ordets nutidige betydning – ikke er det samme som for to hundrede år siden, hvor grænserne mellem det æstetiske og det etiske var udviskede. Vores adgangsbillet til at bevæge os op ad bevidsthedens og naturens stige er, ifølge Schiller, at benytte vores fornuft og finpudse vores æstetiske sans. Alternativet finder vi i blodbadet og terrorregimet, der gradvist afløste løfterne og idealerne fra den franske revolution. Et stort øjeblik havde fundet et fordærvet folk, var Schillers lakoniske analyse.

Vores banale og unikke natur

At der var forskel på mennesker og dyr var en udbredt opfattelse før Darwin rev mennesket ud af guds billede og placerede os på evolutionens træ. I dag er der ingen undskyldning for at indtage en så uoplyst position. Selvom vi har en tendens til at overvurdere os selv, så ved vi godt, at både vores fysiske hardware og mentale software er evolutionære produkter. Denne indsigt har en række konsekvenser, men på det mest grundlæggende niveau, er konsekvensen, at vores tanker og følelser ikke er skabt til at give os en korrekt og nøjagtig gengivelse af virkeligheden. De er derimod skabt til at give os en gengivelse af virkeligheden, som øger sandsynligheden for at videregive vores gener til næste generation.

Selvom vi har en tradition for at forstå os selv som adskilte fra naturen, så bliver det til stadighed sværere at argumentere konsistent for synspunktet. Et synspunkt, der oftest bruges som den implicitte begrundelse for, at vi tager os friheden til at udnytte naturen og ødelægge den for andre levende væsener. Årsagen er, at jo længere vi er kommet i vores bestræbelser for at besvare spørgsmålet om, hvad der gør mennesket exceptionelt, jo nærmere er vi kommet svaret: meget, meget lidt. Én efter én har de formodede egenskaber, som vi troede var unikke for os mennesker, vist sig tilstede i andre af vores artsfæller. Krager og fisk bruger værktøjer, elefanter kan genkende sig selv i spejle, hvaler har komplekse sociale systemer, pingviner sørger over deres afdøde, nogle skildpadder undergår kønsskifte, gibbonaber er monogame, ænder voldtager, chimpanser gør andre til slaver, nogle edderkopper begår selvmord, delfiner har sprog, osv.

Vi er selvfølgelig forskellige fra både fjerne og tætte familierelationer. Vores hjerne forbruger eksempelvis ca. 25 procent af vores energiforbrug. Hos andre aber er det kun ca. otte procent. Det ændrer dog ikke på, at den menneskelige eksklusivitet falmer desto grundigere, man undersøger den, og en mere nøjagtig forståelse af vores egen natur vil utvivlsomt bidrage til det intellektuelle bolværk, der er nødvendigt i forsvaret for naturen.

Miljøbevægelsen er per definition konservativ
Få ting står så centralt i den konservative tænkning som naturen. I konservatismens forsøg på at sammentænke forskellige former for respekt står naturen som et omdrejningspunkt; i respekten for

det nære, i respekten for fremtidens krav på samme levevilkår som nutidens samt respekten for livet i al dets mangfoldighed.

På det mest grundlæggende niveau stiller naturen os overfor samme udfordring som samfundskontrakten. For at opretholde og bevare naturen kræver det ikke kun et partnerskab mellem de levende. Det kræver et partnerskab mellem de døde, de levende og de endnu ufødte.

Naturen er på sin vis mønstereksemplet på den politiske filosof Edmund Burkes generationskontrakt. Vores forhold til naturen afslører dog mere end blot det konservative credo. Det afslører også vores evne til at værdsætte og kultivere det smukke i og omkring os.

Fællesnævneren for miljøødelæggelser, forurening og klimaforandringer er den samme. Den menneskelige tilbøjelighed til at udnytte noget nu og efterlade omkostningen til andre – gerne langt væk i tid og rum, så protesterne forbliver uhørte. Løsningen ligger derfor i at nære en anden menneskelig egenskab; at udleve sit personlige ansvar og efterleve egne selvpålagte morallove i respekt for andre.

Af samme årsag er det at sikre en bæredygtig udvikling ikke andet end rettidig omhu for konservative. Vi skal være forvaltere af Jordens ressourcer, ikke formøblere. Dette hænger både sammen med respekten for ufødte medborgere, men også et natursyn, hvor liv har en selvstændig værdi.

Den antropocæne tidsalder

For to år siden anbefalede en arbejdsgruppe under den Internationale Geologiske Kongres, der fastsætter jordens forskellige tidsaldre, at vi udskiftede den nuværende epoke, vi havde været i siden sidste istid, med den antropocæne epoke som en ny geologisk tidsalder. Argumentet er, at vi mennesker nu påvirker en lang række naturlige processer i en sådan grad, at vi bør anerkendes som en geologisk kraft i os selv.

Betydningen af et skifte i den størrelsesorden kan næppe undervurderes. Ligesom Darwin og Galileo ændrede vores verdensbillede, så vil en antropocæn tidsalder gøre det samme. Ændrer vi vores skolebøger, vil vi samtidig skulle indtage førersædet for planetens udvikling med det dertilhørende ansvar på skuldrene.

Al den stund, at det bliver dyrere at tilpasse sig klimaforandringerne end at forebygge dem, giver det god mening at føre en ansvarlig og ambitiøs klimapolitik. Heri ligger der også et ekstra lag i den konservative tænkning. En ansvarlig klimapolitik har også en iboende fremsynethed i ønsket om en rolig samfundsudvikling. Hvis man ikke er fremtidsorienteret, kan man selvsagt heller ikke styre udenom (klima-)problemer, og så svigter man netop muligheden for den rolige forandring. Argumentet for at tage forurening, klimaproblemer og naturødelæggelser alvorligt kan for en konservativ derfor ikke være, at den grønne omstilling eksempelvis gavner dansk erhvervsliv, selvom den gør det. Argumentet for at øge klimaambitionerne kan heller ikke være, at den samfundsøkonomiske regning bliver mindre, selvom den gør det. Argumentet for at styrke vores klimaambitioner bør i stedet være, at det er moralsk rigtigt at gøre. Det kan lyde noget moraliserende at fremføre det konservative standpunkt i synet på naturen og oplysningen, hvad det i grunden også er. Men hvis man sætter sig ind i, hvad konsekvenserne er ved de 32.500 millioner tons CO_2, vi sidste år tilføjede atmosfæren, så er konklusionen selvindlysende. Både fordi det er den logiske følge ved at værdsætte livets værdi, men også fordi det minder os om, hvorfor det er nødvendigt at forholde sig til det æstetiske for at virkeliggøre det gode – eller som minimum forhindre katastrofer.

Schiller indså, at den kølige fornuft ikke altid er nok, når vi står over for større udfordringer. Fornuften kan udstikke retningen, men følelserne er drivkraften. Skal vi motiveres til handling, spiller det æstetiske og det smukke samt forestillingen om et bedre samfund en afgørende rolle.

Burke og Schiller så ens på politikkens væsen: det handler i sin essens om dannelsen og moderationen af vores passioner og vores personlige karakter. Af samme årsag var Burke skeptisk over for den franske revolution, men ikke amerikanske revolution. Burke mente ikke, at franskmændene var opgaven voksen, og at der var en overhængende risiko for, at kontrarevolutionære ville ødelægge fremskridtet og revolutionen ville ende i katastrofe. Han fik ret. I dag er løsningen på de naturrelaterede kriser, vi står overfor, ikke ny viden eller mere viden, men et skifte i indstilling. Det skifte er i sin natur konservativt, og det handler grundlæggende om at være opgaven voksen.

Epilog

Det er muligt at glæde sig på bekostning af andre. Det har vi en overflod af eksempler på. Det er til gengæld ikke muligt for et civiliseret og sympatisk menneske. Når vi om nogle år – med al sandsynlighed – omskriver vores historiebøger og formelt indfører den antropocæne tidsalder, så gør vi det, fordi det menneskelige kan aflæses i ødelæggelse af en række naturlige processer.

Kynikere vil sige, at årsagen skal findes i, at vores hjerne er skabt til livet på savannen, vores beslutningsprocesser er middelalderlige, og vi har teknologi fra det 21. århundrede til rådighed. Analysen skyder ikke helt forbi skiven, men den overser, at menneskets historie ikke blot er en historie om en abe, der kæmpede sig til på toppen af fødekæden ved rå magt. Det er også historien om en civiliseret abe, der kan forfine de æstetiske kvaliteter. Og på vejen op ad naturens stige må dette være det centrale.

I mødet med chimpansen, som vi deler mere end 98 procent af vores DNA med, har vi tabt, hvis vi måler på, hvor hurtigt vi kan bevæge os, eller hvor hårdt vi kan slå. Heldigvis har biler og våben også gjort det unødvendigt at sammenligne os med andre arter på vores fysiske formåen. I stedet er det relevante konkurrenceparameter udviklingen af vores bevidsthed og moralske væsen.

Peter Bjerregaard (f. 1986) er cand.soc., tidligere højskolelærer og arbejder i dag i energisektoren.

155

REVOLUTIONEN I 2013

DA STATEN IKKE VILLE VIDE AF FOLKET

AF PH.D.-STIPENDIAT BRIAN DEGN MÅRTENSSON

D et følgende er et bidrag til en fælles refleksion, som det danske folk må gøre sig om tiden efter år 2000. I disse år lagdes nemlig først grunden for et opgør mellem stat og folk, og i perioden 2013-2016 gennemførtes en erklæret revolution, der åbenlyst havde til formål at gøre borgerne til et middel for staten. Begrundelsen herfor hentedes i samtidens ide om konkurrencestaten, der teoretisk var blevet udråbt som den ideelle politiske organisering i en globaliseret fremtid.[1] Hovedtanken var, at frihandel, globalisering og økonomisk liberalisering umuliggjorde megen traditionel nationaløkonomisk politik, hvorfor borgeropdragelse, tilskyndelse og adfærdsregulering måtte udgøre denne nye statstypes primære virkefelt.

Kort fortalt var det tanken, at den stat, der mest målrettet kunne mobilisere og uddanne dens borgere til at agere på et forestillet fremtidigt arbejdsmarked, ville vinde i den internationale konkurrence om vækst og velstand. Statens opgave var altså ifølge analysen på en måde at vende det nationalromantiske projekt om: At gøre folket til finansministerielle undersåtter. Som i 1800-tallet blev skole og uddannelse derfor en altafgørende kampplads.

Som med så megen anden epokal historieskrivning er det svært at undgå en noget rudimentær årstalsangivelse. Man kan spore 2013-revolutionens teoretiske ophav helt tilbage til 1970'ernes reformpædagogiske tiltag, og især 1990'ernes Nordlæs-undersøgelser og de omdiskuterede PISA-ditto i det efterfølgende årti lagde grunden for den panikfølelse, der tværpolitisk muliggjorde en regulær revolution under S-R-SF-regeringen i 2013.

---

[1] Pedersen 2011, Schjørring 2013

Ydermere bør det nævnes, at vigtig revolutionær lovgivning blev vedtaget både i nullerne, f.eks. nationale test, og i 2012, ændring af læreruddannelsen, hvorfor det i høj grad er symbolpolitikken, der legitimerer netop året 2013 som værende det store revolutionsår. Det var nemlig her, Folketinget vedtog den kvantitativt mest indgribende lov – reformen af folkeskolen – og det var denne, der af både undervisningsministeren og mange støtter specifikt blev udråbt som en "revolution".[2]

Når vi nu i 2018 kan tillade os at begynde en historieskrivning over denne epoke, skyldes det, at der er grund til at betragte den som enten afsluttet eller under udfasning. De største revolutionære tiltag baserede sig politisk på et socialdemokratisk initiativ, der blev støttet af V, R, SF, K og til dels DF. Enhedslisten og Liberal Alliance var imod fra start til slut, lejlighedsvis støttet af fraktioner fra de andre partier. Efter regeringsskiftet i 2015, hvor den nye V-regering var afhængig af LA-stemmer, begyndte regeringens retorik at ændre sig, således at reformlinjen – som den nu oftere blev kaldt – ikke længere var hævet over enhver diskussion. Dertil kom også – efter et skifte i ordførerskaber – flere og mere højlydte protester fra især R og SF, der ikke længere kunne støtte den ensrettende, læringsrevolutionære ideologi.

Sluttelig intensiveres også kritikken fra især det konservative bagland og fra Alternativet, der anført af ordføreren Caroline Magdalene Meier gjorde skolepolitikken til en højtprofileret sag for det nye parti. Med indsættelsen af LA-politikeren Merete Riisager som undervisningsminister ved regeringsudvidelsen i 2016 var revolutionen reelt fortid, og snart fulgte en lang række brede forlig og administrative tiltag, der havde til sigte at af-revolutionere skole- og uddannelsesområdet. Eksempler herpå er opgøret med læringsmålstyringen, forsøg med afkortning af skoledagen, iværksættelsen af en ny dannelsesdebat, et nyt gymnasieforlig og styrkelsen af de frie skoler.

---

[2] Reiermann 2014

En foreløbig kulmination på denne udvikling kunne iagttages i sommeren 2018, hvor Undervisningsministeriet udsendte en rapport,[3] hvoraf det fremgik, at den revolutionære læringsmålstyring ikke havde været til gavn, og at lovens formål nu skulle stå langt mere centralt i folkeskolens virke, hvilket altså ikke har været tilfældet under revolutionen. Sammenfaldende med rapportens udgivelse meddelte statsminister Lars Løkke Rasmussen på folkemødet i Allinge, at den såkaldte understøttende undervisning – endnu et centralt element i revolutionen – burde erstattes med rigtig undervisning.[4]

Hvad var det egentlig, man ville revolutionere?

Pædagogisk omsorg – i form af opdragelse, skole og uddannelse – er den mest krævende og modsætningsfulde opgave, et menneske kan påtage sig i sit liv. Det er nemlig her, vi på godt og ondt former andre menneskers tilblivelse, deres mulighedsbetingelser og deres identitet. Men hvordan bør man handle i en sådan omgang med andre menneskers liv og væren? Hvordan håndterer vi konflikten mellem tvang og frisættelse? Hvad er i grunden et godt liv? Og hvordan kan vi på forhånd definere det for andre? Dette er nogle svære og nødvendige spørgsmål, som ethvert menneske og ethvert samfund til alle tider må overveje grundigt. I grunden kommer denne overvejelse før alt andet – før finanspolitik, arbejdsmarkedspolitik, socialpolitik og hvad der ellers optager os.

Ovenstående spørgsmål er uløseligt forbundet med etik. I grunden er der tale om to sider af samme sag. Ligeledes er etik uadskilleligt fra politik, og politik har altid et element af kamp. Ser man historisk på sagen, har skolepolitiske spørgsmål da også stået centralt i de afgørende forfatningsdiskussioner i forbindelse med tilblivelsen af det moderne Danmark. Grundlovens paragraf 67 og 76 fastlår derfor specifikt, at staten ikke har monopol på opdragelse, livssyn og skole.

---

[3] UVM 2018

[4] Sørensen og Trier 2018

Førstnævnte paragraf giver borgerne ret til selv at vælge religion, f.eks. som led i undervisning, sidstnævnte giver borgerne ret til selv at forestå undervisning af deres børn, f.eks. i form af frie skoler. Ideen med en grundlov er, at den skal have få, gennemtænkte paragraffer, der først og fremmest begrænser statens magt over for borgerne, og det siger sig selv, at intet i en sådan er tilfældigt.

Fra starten af 1800-tallet, over indførelsen af stænderforsamlingerne i 1834, og frem til Grundlovens indførelse i 1849, diskuterede man da også flittigt, hvorledes forholdet mellem staten og borgernes tilblivelse som individer og folk skulle være. I starten blev denne diskussion især ført med udgangspunkt i tidens mange vækkelsesbevægelser, der netop var en civil udfordring af kirkens og statens dannelsesmonopol.

Grundtvig skrev i den forbindelse teksten *Om gudelige Forsamlinger* i 1825, hvor Danmark som bekendt stadig var et enevældigt monarki. Spørgsmålet, der adresseres, kredser om folkelighed, religionsfrihed og tolerance, hvilket igen er afstedkommet af tidens mange religiøse vækkelser og det voksende udbud af lægprædikanter.

Indlægget omtaler den såkaldte "Kerteminde-sekt", som var en spottende betegnelse for en vækkelsesbevægelse på Fyn. Bevægelsen blev startet af snedker Rasmus Klink i Kerteminde omkring år 1800. I begyndelsen var bevægelsen ganske privat og uden udfarende ambitioner. Senere, under ledelse af husmand og tømrer Christen Madsen, blev bevægelsen mere aktiv og bredte sig til flere fynske sogne, hvilket skabte bekymring i den etablerede statskirke. Derfor opstod der konflikter med både verdslige og gejstlige myndigheder, og efter en langstrakt retssag blev Madsen og andre af bevægelsens støtter idømt tugthus og bøde.[5]

Grundtvig henviser i *Om gudelige Forsamlinger* også specifikt til de haugiske bevægelser i Norge. Hans Nielsen Hauge (1771-1824) var en norsk lægprædikant, der fra 1795 igangsatte den største religiøse vækkelse i Norges historie. Hauges skrifter og breve blev spredt og læst over hele landet og var derfor stærkt

---

[5] Lausten 2004, s. 213

medvirkende til at reducere analfabetismen i Norge. Hauges popularitet og hans mange følgere blev et problem for både verdslige og gejstlige kræfter, og især var hans overtrædelse af forsamlingsbestemmelserne og hans udfald mod gejstligheden en stor anstødssten. Hauge blev derfor fængslet i 1804, hvorefter flere år med retshandlinger begyndte.

I sidste ende slap Hauge med en bøde, men var fysisk og psykisk nedbrudt af behandlingen i fængslet. Frem til 1814 var Norge en del af dobbeltmonarkiet Danmark-Norge, og de haugiske bevægelser gav også genlyd i den danske del af riget, som Hauge også besøgte som prædikant.

Som Grundtvig anfører, var tiden generelt præget af en mangfoldighed af gudelige bevægelser, ikke blot i Danmark-Norge, men i hele den vestlige verden. De fleste søgte – som pietismen – i retning af en fornyet inderlighed og mere dyb, autentisk kristentro. Tendensen kan med rette ses i sammenhæng med romantikkens optagethed af følelser og folkelig autenticitet, men bør også – som i den amerikanske kvækerbevægelsens tilfælde – ses som et resultat af øget kulturel interaktion mellem Europa og den øvrige verden.

Grundtvig og hans støtter mente, at det var problematisk at øvrigheden så energisk ønskede at bekæmpe vækkelsesbevægelserne:

> *Det er da aabenbart, at enten maa Staten hylde den catholske Grundsætning, at lade sine Præster eller Bisper afgjøre, hvad der skal kaldes Fanatisme, og straffes som saadant, hvorved da Grunden lægges til et nyt Hierarchie, med alle sine Kjætter-Forfølgelser og andre Rædsler, eller den maa holde hardt ved den protestantiske Grundsætning, at, hvilke Skjælds-Ord end de religjøse Partier bruge mod hinanden, saa er dog for Staten kun det Fanatisme, som den, uden at spørge Bisper og Præster til Raads, selv kan erkjende paa den politiske, mod Guds Ord stridende Retning![6]*

---

[6] Grundtvig 1825

Grundtvig beskylder reelt den herskende gejstligheds linje for at være anti-protestantisk, nærmest kættersk, og fortsætter og skærper derved hans konfrontation med samtidens religiøse parnas. Samme år indstævnes Grundtvig – især på baggrund af skriftet *Kirkens Gienmæle* – af H.N. Clausen for injurier, og idømmes livsvarig censur den 30. oktober 1826.

Den argumentatoriske linje, Grundtvig følger i *Om gudelige Forsamlinger*, er helt i tråd med hans andre skrifter om samme emne. Det pointeres, at lutheranismen forudsætter, at den enkelte selv knytter sig til Gud, og at denne tilknytning ikke kan forceres eller styres af magthavere eller skriftkloge. Allerhøjest kan man opmuntre og inspirere – f.eks. ved samværet i menigheden, salmesang og kirkegangen i øvrigt.

Her er Grundtvig helt på linje med Søren Kierkegaard, der også lagde meget vægt på den iboende liberale konsekvens af lutheranismen.[7] Dertil pointerer Grundtvig vigtigheden af det folkelige engagement, udtrykt ved menigmands selvbestaltede forsamlinger til åndelig opbyggelse.

Hovedtrækkene i argumentationen fra *Om gudelige Forsamlinger* går igen i teksten *Om religionsforfølgelse*, som udkom i 1842. I denne tekst argumenterer Grundtvig for en vidtstrakt religionsfrihed. Han følger skiftevis tre overordnede begrundelser for en statslig tolerance over for trosretninger, der afviger fra statsreligionen: En åndsliberal, en politisk-pragmatisk og en kristelig. Den liberale begrundelse er for Grundtvigs vedkommende især inspireret af den britiske liberale tradition, hvor tænkere som John Locke tidligt formulerede lignende tanker.

Hos Grundtvig tilføjes dog et klarere eksistentielt udtryk, idet vekselvirkningen mellem menneskets frihed og forpligtelse i livet anskues som grundlaget for en egentlig tro.

Den politisk-pragmatiske begrundelse baseres på, at forfølgelse og forbud skaber splid og uenighed og i øvrigt sjældent fører til ændrede synspunkter. Sidstnævnte eksemplificerer Grundtvig bl.a. ved at henvise til sine egne sager, hvor han blev

---

[7] Dalsgaard 2015, s. 302f

idømt censur. Sluttelig fremføres en kristelig begrundelse, hvor Grundtvig argumenterer for, at der i den lutheranske kristendom implicit ligger et budskab om tolerance. Her støtter Grundtvig sig især op af den augsburgske trosbekendelse og påpeger igen polemisk, at trangen til religionsforfølgelse må være udtryk for en rest af katolicisme – dvs. i modstrid med den evangelisk-lutherske statskirke!

Statens opgave er ikke at gøre borgerne til gode mennesker i dens eget billede

Grundtvig var ikke specielt begejstret for vækkelsesbevægelsernes ofte yderst kulørte religiøse indhold, men den gennemgående pointe i hans skrifter om emnet er derimod, at religiøs tolerance skal gælde for alle fredelige retninger, og at det religiøse engagement i det mindste bør påskønnes. Det er i forhold til den juridiske frihed ikke vigtigt, om de lærde, gejstligheden eller staten deler bevægelsernes teologiske synspunkter.

Det handlede for Grundtvig om at etablere nogle holdbare principper, der kunne afstedkomme et opvakt folk, der tog stilling til Gud, sig selv og hinanden! Kun derved kunne en stat bestå i længden, og kun derved kunne den opfylde sit formål – at være folkets hjem.

På Grundtvigs tid var skolen reguleret ved kongelig anordning af 1814, der i praksis blev udmøntet lokalt af – mere eller mindre kompetente – degne og lærere.[8] Det var således altovervejende kirkens folk, der stod for undervisningen, og organisering hørte under sognestrukturen. I alle henseender var den organiserede skole derfor uløseligt forbundet til kirkelivet, og i praksis var debatten om religion og skole ofte en og samme ting: Hvem skal bestemme, hvad den enkelte – og folket som helhed – tror, tænker og føler?

Grundtvigianerne fastholdt, at det skulle folket selv i en fri meningsudveksling, og kongens og statens fornemmeste opgave skulle være at beskytte denne. Af samme grund var Grundtvig

---

[8] Gjerløff og Jacobsen 2014, Grinder-Hansen 2013.

163

selv frem til 1840`erne ganske skeptisk over for indførelsen af demokrati, da et sådant meget nemt kunne resultere i enten ureflekteret pøbelvælde eller embedsmandsteknokrati. For at blive i det førnævnte eksempel kunne man frygte, at de samme teknokrater, der ville forbyde den frie folkelige religionsudøvelse, også på samme måde ville diktere folkets tilblivelse i øvrigt, f.eks. via en stramt styret skolepolitik. Grundtvig blev sidenhen (i hvert fald praktiserende) demokrat – og medlem af Den Grundlovsgivende Rigsforsamling, Folke- og Landsting – i troen på, at folket efterhånden havde nået et oplysningsniveau, der kunne sikre, at den frie meningsudveksling kunne bestå uden en konges (ligeså) aktive værnen herom.

Grundtvig var dog slet ikke alene med sit synspunkt. Søren Kierkegaard skrev – ganske vist to år efter Grundlovens indførelse – følgende:

> *Antag, at Staten anbragte 1000 Embedsmænd, der med Familie levede af, altsaa pecuniairt vare interesserede i at forhindre Christendom: det var dog vel et Forsøg i Retning af, om muligt, at umuliggjøre Christendom.*
>
> *Og dog vilde dette Forsøg (der jo har det Aabenlyse ved sig, at det aabenlyst var for at forhindre Christendom) ikke være nær saa farligt, som hvad der faktisk skeer, at Staten anbringer 1000 Embedsmænd, der – under Navn af at forkynde Christendom (just deri ligger den større Fare i Sammenligning med det, ganske aabenlyst at ville forhindre Christendom) ere pecuniairt interesserede i a) at Menneskene kalde sig Christne – jo større Faare-Flok jo bedre – antage Navn af Christne, og i b) at det bliver derved, at de ikke faae at vide, hvad Christendom i Sandhed er.*[9]

I tråd med Grundtvig – og mange andre – beskriver Kierkegaard her med vanlig humor og vid det forhold, at man – uanset hvor smukke intentioner end måtte være – ikke statsligt bør tvinge an-

---

[9] Kierkegaard 1851

164

dre til at blive hverken gode, kristne eller retskafne. Som han redegør for i storværket *Kjerlighedens Gjerninger*[10], må en ægte kristen livsførelse udspringe af en fri vilje, der af både pligt og hengivenhed handler kærligt. Det er ikke noget, man statsligt kan installere i borgerne, for i så fald vil pligten hverken rette sig mod medmennesket eller Gud, men til netop staten og dens embedsmænd.

Ydermere vil man med et sådant storstilet opdragelsestiltag, hvor svaret er givet på forhånd, næppe selv have truffet et valg og i grunden blot være et umælende "får". Kierkegaard peger i stedet på, at tilblivelsen som kristen og menneske er et individuelt anliggende, som andre kun indirekte kan og bør påvirke. Er påvirkningen for direkte, har man frataget den anden både valget og den ægte hengivelse til andre mennesker.

Jeg skal understrege, at Grundtvig og Kierkegaard var uenige om mangt og meget, men det er netop min pointe i forhold til dette spørgsmål: Selv to af de mest stridende fløje i dansk åndsliv var i nationens formative år enige om, at individets/folkets åndelige frihed var forudsætningen for en velfungerende/god/kristelig stat.[11] Stridspunktet var i grunden langt oftere, hvem der bedst kunne beskytte denne frihed – en konge eller et parlament?

Revolutionens gang og debatten herom

Det er i lyset af 1800-tallets eftertænksomme omgang med forholdet mellem individ, folk og stat bemærkelsesværdigt, at nutidens politikere, forskere og skolefolk i de nu forgangne revolutionsår så konsekvent lærte sig at parafrasere et åbenbart sandhedspåtvingende postulat om, at skole, tilblivelse og uddannelse pr. definition har indiskutable, færdigdefinerede målsætninger som f.eks. at øge social mobilitet og økonomisk lighed i samfundet. Herefter gjaldt det bare om at få folk til at blive sådan, at de bidrager til dette. Alt kunne tilsyneladende legitimeres ved disse

---

[10] Kierkegaard 2008

[11] Kierkegaard 1851, Grundtvig 1836.

færdige målsætninger, hvilket så til slut kaldte på en regulær revolution, der skulle frembringe generationer af – for statens finanspolitiske målsætninger – "gode borgere".

Man kunne af den revolutionære kampagne forstå, at der var alt for meget føleri, fællessang og slendrian, og de danske lærere var nogle dovne og uduelige luksusdyr, der ganske enkelt ikke var opgaven voksen. Der var naturligvis – trods en grundlæggende stærk pædagogisk tradition helt tilbage fra Grundtvigs tid – flere problemer i den danske folkeskole i 1990'erne. Dele af reformpædagogikken var ikke en ubetinget succes, og problematisk var det også, at forholdet mellem lærerne og deres arbejdsgivere i 1980'erne gik mere i retning af en lønarbejderkultur, hvorved vigtige byggesten til den mere kaldsbårne tillidskultur gik tabt. Skolen og lærerne havde desuden mistet anseelse på grund af lærernes ellers velmente forsøg på at være mere anti-autoritære, ligesom tværfaglighed og projektpædagogik hyppigt endte med at undergrave fagene som værdifulde i egen ret. "Sagen" i sig selv forsvandt ofte i forsøget på at gøre undervisningen anvendelsesorienteret. Det var bestemt ikke godt, og sidstnævnte er desværre en af de få ting, man bevarede, og endda radikaliserede, med især skolereformen.

I 2003 gjorde daværende statsminister Anders Fogh Rasmussen – under indtryk af den meget kritik af folkeskolen og nogle dårlige PISA-undersøgelser – op med "rundkredspædagogikken" på landsdækkende tv og forlangte nu en mere effektiv og målrettet indsats. Derpå kom nationale test samt en generel indsats for mere styring og kontrol. I 2013 kulminerede det hele med en storstilet skolereform, denne gang under socialdemokratisk ledelse. Reformen blev med sproglige lån fra maoismen omtalt som en "læringsreform" og en "kulturrevolution",[12] og det stod klart, at det var hele grundlaget for den danske folkeskole, der skulle gentænkes. Kort efter vedtagelsen gik – måske netop inspireret af Søren Kierkegaards karikatur? – tusindvis af embedsmænd i kommune og stat i gang med det store arbejde at

---

[12] Reiermann 2014

gøre folket til produktive, lydige medarbejderborgere. Nogle af disse embedsmænd var endda nyansatte til formålet under betegnelsen "læringskonsulenter".

Reformen og de tilhørende tiltag kan politisk set bedst beskrives som en særpræget ideologisk kombination af forvitrede neomarxistiske og neoliberale udtryk, hvor staten mener sig i stand til at diktere egennyttige medarbejderborgere en produktiv tilværelse i et forestillet globalt fremtidsmarked.[13] Fra de var helt små, skulle børn måles og vejes og derpå styres fra skolestart til arbejdsmarked med såkaldte evidensbaserede metoder og registrerbar læring over hele linjen. Tilgangen skulle følges op af begejstrede læringsmedarbejdere, høj trivsel og en spændende, varieret skoledag, hvor eleverne med engagement og passion tilegnede sig den statsdefinerede læring.[14]

Revolutionen baserede sig ikke kun på lovgivning, men blev måske mest mærkbart fremmet af administrative tiltag. Særligt efter-videreuddannelse, institutionelle strategier og en ændring af forskningsbevillinger stod centralt i implementeringen af den nye retning.[15] Der blev givet en hel milliard til kurser og projekter, der kunne tilvejebringe den ønskede mentalitetsændring i praksis, ligesom der institutionelt blev indført målrettede strategier, der understøttede den revolutionære dagsorden. Sluttelig blev der slået hårdt ned på afvigere, ligesom lærerne blev lockoutet som optakt til vedtagelsen af skolereformen.[16] Alligevel mødte den revolutionære tilgang straks stærk kritik fra uafhængige forskere og skolefolk, det ikke var muligt at true til tavshed.[17] Kritikken gik blandt andet på, at rigtig faglighed kræver, at fagene og deres respektive traditioner tages alvorligt, og at læ-

---

[13] Mårtensson 2015

[14] Undervisningsministeriet 2013, Undervisningsministeriet 2014.

[15] Mårtensson 2015, Ministeriet for Forskning, Innovation og Videregående Uddannelser 2012.

[16] Mathiassen 2016, Rømer 2013, Mårtensson 2015.

[17] Se eksempelvis Kemp 2013, Rømer 2013.

rerne får lov til at være lærere i stedet for lydige læringsmedar-
bejdere. En rigtig lærer bør efter denne opfattelse brænde af kær-
lighed til sit fag og er hverken en social- eller arbejdsmarkedspo-
litisk aktør, men lærer "med stort L". I mødet med en sådan lærer
bør man som elev blive præsenteret for et fags forunderlige ver-
den – det være sig matematik, historie eller noget tredje. I dette
møde er arbejdsmarkedspolitiske krav og forventninger suspen-
derede, og kun samværet i og om kulturelle erfaringer – i form af
f.eks. geometriens fascinerende æstetik eller antikkens samfunds-
forhold – fylder rummet mellem lærer og elev. Bagefter – når ti-
men eller skolegangen er slut – kan man så gøre sig tanker om,
hvad man vil med det tillærte som et frit og myndigt menneske.
Dette ændrer ikke på det gavnlige i, at eleverne med tiden vil
vælge at tage en uddannelse og få sig et job, men det skal hverken
lovgivere, matematik- eller historielæreren forholde sig nævne-
værdigt til, mens der undervises. Lærerne skal elske deres fag, og
med autoritet og værdighed dele denne kærlighed med deres ele-
ver. De skal i hele deres virke beskytte elevernes frie omgang med
kulturens værdifulde vaner og erfaringer – af kærlighed til men-
neskeheden og dens frembringelser.

Modsat dette ønskede de revolutionære at gøre større øko-
nomisk lighed og social mobilitet til pædagogikkens absolutte
formål, og derfor sættes alle sejl ind på at etablere en centralt sty-
ret, livslang kompetenceudvikling, bl.a. under mantraer som
"livslang læring", "læringsrevolution" og "alle skal blive så dyg-
tige, som de kan". Undervisningens præmis er her, at børn først
og fremmest fødes ufrie, ulige og endnu ikke arbejdsdygtige,
hvilket så skal afhjælpes. Undervisningens metode er derfor til-
pasning af børn til statens strategiske forestillinger om en endnu
ukendt fremtid.

Der findes folk, f.eks. rektor Stefan Hermann fra Køben-
havns Professionshøjskole, der stadig synes at mene, at det bare
handler om at finde en gylden middelvej, hvor man tager lidt af
de revolutionæres dagsorden og lidt af den mere klassiske pæda-
gogik. Dette synspunkt slog han bl.a. til lyd for i pamfletten *Hvor*

står kampen om dannelsen?, netop som læringsrevolutionen for alvor begyndte at møde politisk modstand.[18] Ved første øjekast er en sådan tankegang tæt på at have noget på sig, for skole og uddannelse har altid været en del af samfundets systematik, og der har også altid været stillet krav om kontrol og økonomisk påpasselighed. Kompromisser om slige sager må da også høre til dagens orden i et velfungerende demokrati. Imidlertid er grundtrækket i analysen – gående på, at der kan findes en gylden middelvej i forhold til læringsrevolutionen – intellektuelt problematisk, idet den skolekamp, der her udspillede sig, kun formelt handlede om økonomi, effektivitet og teknik, men reelt om etik og eksistens.

Man kan – i hvert fald på den filosofiske grund, den danske Grundlov står på – eksistentielt ikke være halvt frit menneske og halvt middel for staten! Der er i denne optik tale om et kierkegaardsk enten-eller, som alle må forholde sig til. Derimod kan frie mennesker sagtens diskutere effektivitet, læsehastighed og økonomisk udvikling, og frie mennesker kan bestemt også vælge at styrke og sikre statens økonomiske bestån, da de jo ikke er skabt til den, men vælger og skaber den.

Dog kan man ikke målstyre frie menneskers tilblivelse eller lade deres performance være afgørende for nutidige økonomiske planer om en fremtid, som de som frie mennesker selv burde vælge. Kampen om dannelse står i en sådan optik altså ikke mellem en konservativ fløj og en systemfløj, som Hermann påstod i den omtalte pamflet: Den står mellem demokratisk sindet humanitet og, om end velmenende, totalitær kynisme. Mellem ydmyghed og hovmod. Man må så at sige vælge, når man tager stilling til de revolutionære år: *Enten* har mennesket et umisteligt værd, og en ret til at blive til sig selv i samværet med andre frie mennesker – *eller* også er mennesket i sig selv ingenting og derfor kan krop og hjerne legitimt gøres til et middel i en uimodsigelig, pædagogisk installeret statslig strategi. Det er en ontologisk grund, vi rammer her: Hvad er et menneske?

---

[18] Hermann 2016

Endnu mere håndfast end Hermanns var reformstøtten fra DPU's leder Claus Holm, der i maj 2016 så sig nødsaget til at reagere på den megen kritik i et blogindlæg:

> *Debatten om konkurrencestaten er en ulykkelig situation for forskningen. Den er blevet så holdningspræget, at sagligheden omkring emnet er forsvundet. Det gælder også de intellektuelles bidrag, der giver indtryk af, at også forskning kun er politik. I stedet giver debatten om konkurrencestaten anledning til at sige, at vi har brug for at genopfinde arbejdsdelingen mellem forskning og politik. For det er, på helt klassisk vis, den intellektuelles forskers rolle at bidrage til, at politikere ikke bliver usaglige og ansvarsløse.*[19]

Holm har hele vejen igennem været en urokkelig støtte af læringsrevolutionen, og som det fremgår, troede han så meget på den, at han i indlægget antager, at den tiltagende forskningsbaserede kritik blot er "politisk", og at politikere, der lytter til den nødvendigvis må blive usaglige og ansvarsløse. Det ligger imellem linjerne, at Holm selv er helt og aldeles saglig og upolitisk og alene taler ud fra objektive kendsgerninger: Reformlinjen, der skal ruste Danmark til fremtidens arbejdsmarked, er god, og at sige andet er "politisk".

Hvorfra han har sin "upolitiske" og åbenbart helt objektive viden om fremtiden, fremgår ikke af indlægget, men såfremt han rent faktisk havde og stadig har profetiske evner, er det bestemt heldigt, at vi som samfund har sat ham på posten som leder af Danmarks Pædagogiske Universitet. Uanset hvad er der imidlertid tale om en enten metafysisk eller helt og aldeles religiøs forkyndelse, som Claus Holm sammen med tusindvis af andre embedsmænd påtog sig på statens vegne. Og så er vi tilbage, hvor vi startede: Hvem skal definere folkets tro, tanker og tilblivelse? Er det staten eller folket? Hvem skal lave hvem?

---

[19] Holm 2016

Om at forholde sig til det epokale i pædagogik og politik

Filosoffen K.E. Løgstrup udtalte i 1980 – under debatten, der efterfulgte hans berømte forelæsning om skolens formål – følgende om demokratiet og samfundsfællesskabet:

> Vi lever i en epoke, hvor sammenhængsløsheden truer os, og den situation må vi omgås på en demokratisk måde i vor uenighed. Men jeg vil gerne føje til, at det er lige så vigtigt, at vi, når vi fortsætter drøftelsen, gør det under forudsætning af, at der er en sammenhæng, selv om den er ukendt indtil videre.[20]

Denne "sammenhængsløshed" kom – under påvirkning af de kulturelle og akademiske strømninger, som vi i dag kan sammenfatte under begrebet postmodernitet – på mange måder til at definere hele den pædagogiske udvikling i tiden efter Løgstrups foredrag. For hvad skal i grunden binde os sammen? Er der overhovedet noget, der kan? Og hvilken rolle skal pædagogikken spille i forholdet mellem den enkelte og det fællesskab, som synes mere og mere flygtigt?

Til en start var debatten stærkest i akademiske kredse, særligt under påvirkning af f.eks. den gryende evidensbevægelse og den fornyede danske interesse for den tyske teoretiker Niklas Luhmann efter murens fald.[21] Med tiden ledte debatten til et mere instrumentelt og funktionelt syn på især folkeskolen, og dette syn gled med tiden over i de politiske cirkler. Med en vis ret kan man derfor sige, at den sammenhængsløshed, Løgstrup var bekymret for, blev institutionaliseret. I kølvandet på Anders Fogh Rasmussens symbolske opgør med "rundkredspædagogikken" kom reformerne som nævnt da også slag i slag: Nationale test, læreplaner i børnehaven, gymnasiereform, reform af læreruddannelsen, folkeskolereform, fremdriftsreform osv. I forbindelse med imple-

---

[20] Lauridsen og Varming 1985

[21] F.eks. Qvortrup 1998, Qvortrup 2004, Rasmussen 2004.

171

menteringen af den storstilede skolereform udsendte Under-
visningsministeriet i 2014 et hæfte betitlet "Den nye folkeskole –
en kort guide til reformen". Heraf fremgik det:

> *Fælles Mål for fagene præciseres og forenkles, så de bliver lærings-*
> *mål, og så det står klart, hvad eleverne skal lære. Fordi undervis-*
> *ning, der planlægges og gennemføres med udgangspunkt i, hvad*
> *de enkelte elever skal lære, øger elevernes faglige niveau.*[22]

Det er fra et teoretisk synspunkt bemærkelsesværdig læsning, da
man jo ikke kan planlægge undervisning, der tager udgangs-
punkt i, hvad nogle har brug for at lære, med mindre man enten
selv har besluttet det eller sidder inde med en profetisk viden om
fremtiden. Eftersom man sandsynligvis nok selv har besluttet,
hvad andre har brug for at lære, kan man jo ikke universelt påstå,
at det derfor virker. Ikke desto mindre er det netop det, ministe-
riet gjorde i citatet – og synspunktet blev da også flittigt gengivet
af forligspartierne og daværende undervisningsminister Chri-
stine Antorini.

En folkeskole bliver med den logik til et sted, hvor en stat
lærer nogle elever, hvad staten mener, disse har brug for at
kunne. Målsætningen var som nævnt at skabe mere konkurren-
cedygtige medarbejdere til en fremtidig global markedssituation
af vidensøkonomisk tilsnit. Problemet var – og er – bare, at frem-
tiden helt universelt har den uheldige egenskab, at den ikke er
her endnu. Værre er det, at den efter alt at dømme vil blive til som
et resultat af fremtidige menneskers handlinger, og hvis vi holder
os til den nærmeste fremtid, lægges grunden for disse handlinger
bl.a. i vores nutidige skoler og uddannelser. Altså består logikken
i, at man under henvisning til en nærmest uundgåelig fremtid
med evidens, kontrol og målstyring forsøger at skabe selvsamme
fremtid. Det kan man med god ret kalde for cirkel-determinisme.

I en sådan teoretisk figur er fortiden ikke længere relevant,
og især på læreruddannelsen sigtede man med reformen heraf i

---

[22] Undervisningsministeriet 2014

2012 målrettet på at fjerne dels den højskoleinspirerede semina-rietradition, dels så meget indhold af historisk betydning som muligt.[23] Udviklingen gik igen i både folkeskolen og det øvrige uddannelsessystem: Gamle institutionsstrukturer skulle brydes ned, indholdet skulle "nytænkes", og alt målrettes fremtidens ar-bejdsmarked. Altså: Alt skal målrettes noget, der af gode grunde ikke findes.

Når man, som vi gør her, ser på denne debat nogle år efter, kan det være svært at forstå, hvorfor så mange politikere, ledere, forskere og undervisere hoppede med på tidens spektakulære ideer, men der skal man forstå, at argumenterne for reformlinjen blev præsenteret med argumentatorisk støtte fra talrige grafer og diagrammer – meget lig den slags tandpasta-reklamer i tv, hvor en nydelig ældre kittelklædt mand viser, hvor godt det annonce-rede produkt er. I den mere seriøse ende af skalaen blev reform-linjens målstyring også bakket op af en håndfuld forskere, der gentagne gange henviser til hinanden, hvilket også fejlagtigt gav indtryk af en bred forskningskonsensus.[24]

At blive til nogen og ikke blot til noget

Den danske skoletradition har historisk været mærkbart inspire-ret af især tysk dannelsesfilosofi, men har fået sit helt eget udtryk, bl.a. formuleret af førnævnte tænkere som Grundtvig og Løgs-trup.[25] Der blev i traditionens formative år især lagt vægt på, at skolen skulle være for livet, og ikke blot en arbejdsmarkedspoli-tisk foranstaltning. I skolen – og andre steder, hvor den opvok-sende generation blev opdraget – skulle den enkelte blive til sig selv som originalværk og på samme tid forholde sig til at bebo et land og en klode med andre frie mennesker, hvorved det sociale opstår. Tilmed blev børn præget til at bekymre sig for den unikke anden, bl.a. ved at lære om det nationale fællesskab såvel som det

---

[23] Christensen et al 2012, Ministeriet for Forskning, Innovation og Videre-gående Uddannelser 2013.

[24] Skovmand 2017

[25] Andersen og Björkmann 2017, Mårtensson og Puggaard 2016.

globale. Vi bor som bekendt på en og samme klode og har derfor et skæbnefællesskab. Man skulle så at sige blive til sig selv, en del af et folk samt en del af en menneskehed.

Pædagogik og uddannelse i en sådan dansk-nordisk tradition har – hvis man skal tale om den slags i en politisk analogi – altid været liberal, solidarisk og konservativ i en nænsom, kulturelt betinget blanding. Et pædagogisk formål bør her altid være af liberal karakter og bør sigte på at gøre den enkelte så fri som mulig bl.a. ved at opøve mod, evne og vilje til at tænke og handle selv. Undervisningens præmis er dertil solidarisk, idet den forudsætter, at alle eksistentielt er født lige, og den sigter desuden på at etablere et alment kendskab til væsentlige kulturelle normer og faglige traditioner. Sluttelig er undervisningens metode historisk-konservativ, da den kun, ganske vist i et evigt skiftende nu, kan omhandle ting, der allerede er sket og begreber, der allerede er udviklet – endda ofte af folk, der længe har været døde.

Derfor bør det vække til eftertanke, at vi som samfund i de læringsrevolutionære år forsøgte at skabe "fremtidens uddannelser" og imødegå "morgendagens udfordringer". Det er nemlig ikke det, en human nordisk pædagogik traditionelt har handlet om. I stedet er en sådan liberal, solidarisk og konservativ på en måde, hvorpå kommende generationer af frit tænkende mennesker sammen bliver i stand til at genskabe gode uddannelser i en ny tid, ligesom de tænksomt kan formulere en kommende tids problemer og udfordringer som myndige borgere – på et grundlag af andres hårdt erhvervede erfaringer, både gode og dårlige. Det interessante er, at en sådan pædagogik – foruden høj levestandard – i praksis ser ud til at medføre frisind, lighed og kulturel bevidsthed på den lange bane, hvilket Danmark historisk er et godt eksempel på. Vores land har nemlig – udover at være velstående – traditionelt haft et signifikant stærkt liberalt demokrati, en høj grad af lighed, samt en solid og sund national bevidsthed.[26]

---

[26] Andersen og Björkmann 2017

174

Hvordan opdrager man til en sådan "social frihed", som de fleste nok værdsætter? Kan man gøre det ved hjælp af standardiserede, minutiøst målstyrede læringsprogrammer? Nej, vil enhver repræsentant for en dansk skoletradition sige, for så bliver den enkelte jo mere til noget end til nogen, og hele pointen i den danske historie siden debatten om vækkelsesbevægelserne i 1800-tallets begyndelse har jo været opdragelsen til at tænke selv i en social kontekst, både i tilblivelsen som kristen, menneske og borger. Tilmed forsvinder den direkte kontakt til både faget og det levede liv, som danske lærere har søgt at fremme på forskellig vis gennem historien.

At bedrive pædagogik er som nævnt en yderst vanskelig gerning, og vil altid medføre vanskelige etiske spørgsmål: Hvem er vi? Hvorledes bør jeg beskue den anden? Hvem er jeg selv? Hvad bør jeg gøre i mødet med andre? Når en endegyldig sandhed ikke utvetydigt kan beskues eller måles i den objektivt erkendelige verden, må mennesket vælge og tage ansvar i livet. I det eksistentielle valg kan vi ikke klamre os til evidens, regneark, vækstmodeller, behageligt forbrug eller ideologier. I det eksistentielle valg er der intet at gemme sig bag.

Således bliver vi, hvis vi for alvor giver os i kast med at tænke over vores eksistens, tvunget til at åbne øjnene og forholde os til os selv som ansvarsfulde mennesker i et fællesskab med andre. I den sammenhæng er der intet, der af selv tusindvis af statslige embedsmænd kan defineres i strategisk henseende, som giver mening eller har nogen berettigelse. Her er vi meget tæt på præcis den pointe, som Grundtvig, Kierkegaard og mange andre var opmærksomme på for mere end 150 år siden, da det moderne Danmark blev til: Vi må starte med at blive til nogen, derpå til noget. I et virkeligt pædagogisk møde er det mennesker og kultur, ikke strategier eller konkurrenceevner, der skal komme til syne. Pædagogik er en nødvendighed, hvis – og kun hvis – vi vil noget med hinanden.

I princippet kunne vi blot lade nyfødte børn ligge og efterlade dem til deres skæbne. Når vi overhovedet vælger at opdrage, er der altså altid en etisk ytring og et formål indblandet. Den europæiske tradition for almen pædagogik har i den forbindelse især interesseret sig for individets forhold til kulturen og fællesskabet og har ofte taget udgangspunkt i den enkelte unikke fremtræden som et myndigt menneske, der har absolut værdighed – alene fordi der er tale om et menneske. Her er der altså – i en eksistentiel tolkning – tale om en slags ubetinget kærlighed til det menneskelige, repræsenteret i hver enkelt: Du skal ikke gøre noget bestemt for at fortjene omsorg og opdragelse – du er elskelig uanset hvad.

Både Grundtvig, Kierkegaard og mange af deres samtidige betonede denne umistelige elskelighed, som ethvert menneske er givet fra fødslen, og pegede på, at mennesket må udvikle sig i retning af kærligheden til menneskeheden. Men hvad er kærlighed? Jo, her ville især Kierkegaard svare, at kærlighed er den ubetingede hengivelse til både sig selv og den anden og mere specifikt en vilje til at være anledning til den andens frihed.[27] Kærlighed er altså ikke at ville gøre den anden til noget bestemt, men at give den anden lov til at blive sig selv.

Dette ændrer ikke ved det grundlæggende pædagogiske paradoks; det elskelige barn må stadig "tvinges" til at lære en masse, der både i nuet og senere kan give barnet frihed til at finde sin plads i strømmen af begivenheder, det er blevet født ind i. En sådan traditionel almen pædagogik har altid været – og vil altid være – metodisk uperfekt og ikke-evident, men til gengæld er det åbent erklæret. Den er formålsstyret, ikke målstyret. Formålet er i sidste ende altid kærlighed til menneskeheden og dens kulturelle frembringelser: Mennesket er vigtigt i sig selv, det samme er kulturen og dens fag.

---

[27] Kierkegaard 2008

Hvad kan vi bruge en sådan begyndende historieskrivning til? Nogle afsluttende bemærkninger

I konkurrencestatens revolutionære ideologi, som indtil for få år siden stod så stærkt i Danmark, var der også et formål, men det blev sjældent offentligt debatteret, og relaterede sig kun til strategiske prioriteringer, der var formuleret af staten på borgernes vegne. Det enkelte menneske – og med dét, hele folket – var helt fjernet fra tænkningen og indgik kun som en indtastning i en statistik, der skulle måle, hvordan det hele gik. Når det enkelte menneske først er blevet gjort til en produktionsgenstand, er der heller ingen, der kan finde sammen, altså skabe et samfund. Der vil, hvis en sådan tænkning blev helt realiseret, blive helt stille, og ingen vækkelse – skøn eller uskøn – vil finde sted, og der vil intet være at diskutere. Alt vil således blive til teknik og funktionelle systemer. Man kan med udgangspunkt i traditionen efter Grundtvig og Kierkegaard ikke sige andet, end at vi i de revolutionære år indførte en både kultur- og kærlighedsløs pædagogik i Danmark. Både mennesket og folket skulle væk – staten ville simpelthen ikke vide af sådanne uregerlige størrelser! Det var ekstremt udansk og må selv i en konkurrencestatens egen socioøkonomiske optik anses som beklageligt, idet Danmark historisk har været et særdeles succesfuldt land, når man ser på velstand, frihed, lighed, demokrati og lykke.[28]

Succesen kan ikke med belæg tilskrives en særlig genetik, store naturresurser eller et ukendt stof i grundvandet, men er sandsynligvis først og fremmest et resultat af nogle kloge formative tanker og beslutninger i 1800-tallet, der lagde grunden til det, man i udlandet kalder det "skandinaviske mirakel". Med andre ord har skiftende generationer siden statsbankerotten i 1813 og undervisningspligtens indførelse året efter formået at udvikle og videregive nogle værdifulde vaner og omgangsformer, hvis kvalitet og essens har skabt grundlaget for et – i international målestok – ekstremt velfungerende samfund i det 20. århundrede.

---

[28] Andersen og Björkmann 2017

Udviklingen af disse vaner og omgangsformer må og bør være fortløbende, og derfor er det ikke i sig selv problematisk at reformere centrale samfundsinstitutioner. Imidlertid bør vi – belært af historien – være meget opmærksomme på, at selve grundlaget for vores kulturelle praksis kun kan videregives i pædagogiske møder – i den hjemlige opdragelse, i daginstitutioner, i skoler, på uddannelser og i foreningslivet. Derfor må vi træde varsomt i så henseender, og måske helt afholde os fra at iværksætte alt for raske revolutioner i angst for en fremtidig statsbankerot.

Brian Degn Mårtensson (f. 1979) er pædagogisk filosof og ph.d-stipendiat på Aarhus Universitet, hvor han især beskæftiger sig med N.F.S. Grundtvigs politiske og pædagogiske filosofi. Han har skrevet en lang række bøger om pædagogik, undervisning, videnskabsteori og filosofi, senest Ånd og Ideal *(2018).*

Litteratur og forslag til videre læsning:

Andersen, Lene Rachel og Björkmann, Tomas (2017): The Nordic secret- a European story of beauty and freedom. Falun: Fri tanke

Christensen, Per B. & Rasmussen, Jens et al. (2012): Deregulering og internationalisering. Evaluering og anbefalinger om læreruddannelsen af 2006. Kbh.: Styrelsen for Videregående Uddannelser og Uddannelsesstøtte for Følgegruppen for ny læreruddannelse.

Gjerløff, A.K. & Jacobsen, A.F. (2013-): Dansk skolehistorie bind 2-5. Aarhus: Aarhus Universitetsforlag.

Grinder-Hansen, Keld (2013): Den gode, den onde og den grusomme. 1000 år med den danske lærer. Kbh: Muusmanns Forlag.

Grundtvig, N.F.S. (1825): "Om gudelige Forsamlinger". Aarhus: Grundtvigs Værker

Grundtvig, N.F.S. (1836): "Er Troen virkelig en SkoleSag?". Aarhus: Grundtvigs Værker

Grundtvig, N.F.S. (1837): " Den Christne Kirke og den tyske Teologi". Aarhus: Grundtvigs Værker

Grundtvig, N.F.S. (1842): "Om Religions-forfølgelse". Aarhus: Grundtvigs Værker

Hermann, Stefan (2016): Hvor står kampen om dannelsen? Kbh: Informations Forlag

Holm, Claus (2015): "Den rige personlighed er livsduelighed". I: Linder, Anne (red): Livsduelighedens pædagogik – faglige pointer til den relationsprofessionelle. Frederikshavn: Dafolo, s. 179-196.

Holm, Claus (2016): "Vi skal genopfinde arbejdsdelingen mellem forskning og politik". Blogindlæg på DPU´s hjemmeside: http://edu.au.dk/aktuelt/nyhed/artikel/vi-skal-genopfinde-arbejdsdelingen-mellem-forskning-og-politik/

Kemp, Peter (2013): Verdensborgeren. Pædagogisk og politisk ideal for det 21. århundrede. Kbh: Hans Reitzels Forlag.

Kierkegaard, Søren Aarup (1851): "Er det forsvarligt af Staten – den christelige Stat! – om muligt, at umuliggjøre Christendom?" (i Øjeblikket vol 1). Kbh: SKS

Kierkegaard, Søren Aarup (1855): "Hvad Christus dømmer om officiel Christendom". Kbh: SKS

Kierkegaard, Søren Aarup (2008): Kjerlighedens Gjerninger. Kbh: Gyldendal

Korsgaard, Ove (2004): Kampen om folket. Et dannelsesperspektiv på dansk historie gennem 500 år. Kbh.: Gyldendal.

Lauridsen, Peter og Ole Varming (red.) (1985): Skolens formål – debat om skolens opgave. Danmarks Lærerhøjskole

Lausten, Martin Schwarz (2004): Danmarks Kirkehistorie. Kbh: Gyldendal.

Mårtensson, Brian Degn (2015): Konkurrencestatens pædagogik - en kritik og et alternativ. Aarhus: Aarus Universitetsforlag.

Mårtensson, Brian Degn (2016): "200 års skoletraditioner gjorde os rige – nu gør folke-skolereformen os fattige". Artikel i: Skoleavisen/ www.denoffentlige.dk, februar 2016 (forarbejde)

Mårtensson, Brian Degn og Puggaard, Leif (2016) Videnskab og pædagogik. Kbh: Aka-demisk Forlag

Mathiasen, Anders-Peter (2017): Søren og Mette i benlås. Kbh: Politikens Forlag

Ministeriet for Forskning, Innovation og Videregående Uddannelser (2013): "Bekendtgø-relse om uddannelse til professionsbachelor som lærer i folkeskolen". BEK nr 231 af 08/03/2013. Tilgængelig online: www.retsinformation.dk. Kbh.: MFIVU.

Ministeriet for Forskning, Innovation og Videregående Uddannelser (2012): Danmark – løsningernes land. Kbh.: MFIVU.

Pedersen, Ove Kaj (2011): Konkurrencestaten. Kbh.: Hans Reitzels Forlag.

Qvortrup, Lars (1998): Det hyperkomplekse samfund. Kbh: Gyldendal

Qvortrup, Lars (2004): Det vidende samfund. Kbh: Unge Pædagoger

Rasmussen, Jens (2004): Undervisning i det refleksivt moderne. Kbh: Gyldendal

Reiermann, Jens (2014): " Forandring kommer ikke ud af det blå". Ugebrevet Mandag morgen den 6/1-2014: https://www.mm.dk/artikel/forandring-kommer-blaa

Rømer, Thomas Aastrup (2013): Krisen i dansk pædagogik – en upraktisk blog. Mun-kebo: Fjordager

Schjørring, Esben (2013): "Socialdemokraterne har fundet deres projekt". I: Berlingske Tidende, 3. sektion, den 7/9-2013

Skovmand, Keld (2017): I bund og grund – lærerprofessionens didaktik? Phd. afhand-ling, DPU/ Aarhus Universitet.

Sørensen, Julie Yapa og Trier, Maria Becher (2018): "Lars Løkke: `Vi overvejer at erstatte understøttende undervisning med rigtig undervisning`". Folkeskolen.dk, 15. juni 2018

Undervisningsministeriet (2013): Aftale mellem regeringen (Social-demokraterne, Radi-kale Venstre og Socialistisk Folkeparti), Venstre og Dansk Folkeparti om et fagligt løft af folkeskolen. Kbh.: UVM.

Undervisningsministeriet (2014): "Den nye folkeskole - en kort guide til reformen". Kbh.: UVM.

Undervisningsministeriet (2018): Formål og frihed. Fem pejlemærker for Fælles Mål i fol-keskolen. Kbh. UVM

REQUIEM FOR PROVINSENS KULTURBORGERSKAB

AF BYRÅDSMEDLEM, CAND.SCIENT.POL. NIKOLAJ BØGH

Vi vil alle have fremskridt. Men fremskridt betyder at komme nærmere det sted, du gerne vil være. Og hvis du er drejet af et forkert sted, så kommer du ikke nærmere ved at fortsætte. Hvis du er på den forkerte vej, så vend om og gå tilbage til den rette vej. I så fald er den mand, der hurtigst vender om, den mest progressive mand. C.S. Lewis

Jacob Paludans store udviklingsroman *Jørgen Stein* bliver scenen sat i den lille købstad Havnstrup ved Limfjorden, hvis offentlige liv domineres af en række honoratiores, der selvbevidst og omhyggeligt rangordnet mødes med hinanden til selskabelighed og håndterer de dele af livet i byen, de hver især er sat til at varetage, sådan som det i grunden altid havde været. Det er en smuk, men også kritisk skildring af verden af i går, Paludan benytter som afsæt for beskrivelsen af hovedpersonen Jørgens vanskeligheder med at finde sig selv i den opløsning og rodløshed, som fulgte i årene efter 1. verdenskrig, hvor hans barndomsverden voldsomt ændrede karakter, og alle de funktioner og personligheder, der havde styret livet i Jørgens barndomsby, gradvist forsvandt. Men i begyndelsen lever de endnu;

Man saa Borgmesteren med en uudgrundelig Krusning i Skægget og en Tigers altid lidt urovækkende Elskværdighed føre Fru Stein til hendes Plads, og Par for Par fandt de andre ind, muntert konverserende. Der sad nu Distriktslægen med stille Øjne og tænkte paa, at Menneskene burde ikke spise saa meget; hans Frue havde Amtmanden ved sin Side. Dèr Toldforvalteren med begge Kødfulde Hænder lagt op paa Bordranden som en Mand, der nok skal tage sit Tag; dèr Herredsfuldmægtigen, bøjende sig mod den

181

blonde Apotekerfrue med en Vittighed, bestemt for en snæver
Kreds, saa hun kastede sig tilbage i Stolen med en skrukkende Lat-
ter, der straks satte Liv i Stuen og varslede godt. Amtmanden be-
tragtede hende, med sit røde Ansigt endnu mere rødt i Skæret af
Lysene, og fyldt af den Sympati, man uvilkaarlig skænker den, der
viser naturlig Livslyst under Ens Tag. Amtsforvalter Hertz lod
sit skarptskaarne, engelsk-fornemme Hoved bade i Lyset uden at
ytre specifikke Livstegn paa et saa foreløbigt Stadium, men hans
svære Underkæbe, aabenbart et Knuseredskab af stor Formaaen,
gjorde en enkelt sidelæns Bevægelse bag den stramme, glansløse
Kind. Anna løb frem og skød Stolen ind under Konsul Thiele-
mann. Apotekeren beredte sig paa at finde et Samtalestof, der laa
inden for hans Borddame, Konsulindens, begrænsede aandelige
Rækkevidde.

Det miljø for omkring 100 år siden, som Paludan her beskriver, er
tabt for evigt. Man kan trække på skuldrene over tabet af det tra-
ditionsbevidste, lidt indadvendte kulturborgerskab i provins-
byen og mene, at "udviklingen" fuldt berettiget har skyllet alt bort
på sin velsignelsesrige vej mod stadig mere modernisering, effek-
tivisering og frigørelse af det enkelte menneske fra snærende so-
ciale konventioner og begrænsende traditioner. Og selvfølgelig er
der meget af det tidlige 20. århundredes kultur, omgangsformer
og funktioner, der alene hører fortiden til.

Men "udviklingen" har krævet langt mere end det, den har
i realiteten tømt de mindre og mellemstore danske provinsbyer
for en afgørende del af deres liv, og der er vel at mærke tale om
en udvikling, der ikke alene er kommet "af sig selv", men som i
stort omfang er resultatet af helt bevidste, politiske beslutninger,
der navnlig de senere år har taget fart i form af en voldsom cen-
traliseringsbevægelse, som har betydet et kolossalt dræn af of-
fentlige arbejdspladser i de mindre danske byer til fordel for de
større, hvor de fleste offentlige funktioner nu findes samlet.

Der findes ikke en enkelt årsag, men flere forskellige forkla-
ringer, der tilsammen tegner et billede af, hvorfor vi har mistet
det danske provinsborgerskab.

Centralstyret decentralisme

Danmark er et centralstyret land. Som en direkte udløber af den helt store katastrofe i Danmarkshistorien – Carl Gustavskrigen 1658-60 – indførtes enevælden. Krigen kostede os de urgamle øst-danske landsdele Skåne, Halland og Blekinge, store dele af resten af landet var smadret af krig og svensk besættelse, og det var alene i kraft af borgeres og studenters heltemodige forsvar af København, vi undgik, at hele landet blev svensk. Enevælden var det ødelagte og demoraliserede lands desperate overlevelsesstrategi, og redskaberne var en samling af landet under kongen og en effektiv centralmagt i København, som gradvist indførte nye fælles standarder for mål og vægt, matrikelsystem og mange andre reformer, der gjorde landet mere ensartet og lettere at styre. Dermed var fundamentet skabt for en væsentlig del af det Danmark, vi kender i dag.

Vi måtte rykke sammen om ledelsen for at holde sammen på landet, og det førte til et land, der på en helt anden måde end mange andre europæiske lande var orienteret mod hovedstaden. Hvor andre nordiske lande – i særdeleshed Norge – opfatter landbygden som det "egentlige" land, og et land som Tyskland af historiske årsager bevidst har undladt en stærk centralregering og opbygget landet efter 2. verdenskrig med uafhængige og geografisk adskilte magtcentre, der har Danmark altid orienteret sig mod København som udtryk for statens enhed – formelt og følelsesmæssigt.

Politisk førte det – og resulterer den dag i dag – til en langt mindre fokus på landdistriktspolitik, end man ser det i mange andre europæiske lande. Ja, faktisk er Danmark lidt af en undtagelse blandt EU-landene som et land, der stort set ikke har nogen politik for, hvordan man fortsat forsøger at holde liv i de mindre samfund. Det synes simpelthen at være i modstrid med den herskende rationalitetsideologi overhovedet at forsøge.

Samtidig med at landet havde et stærkt centralstyre, så fandt man i højere og højere grad statens – og Københavns – repræsentanter bredt repræsenteret i landet. Før 1919 havde købstæderne kongevalgte borgmestre, og i de gamle amter fandt man ligeledes en stiftamtmand eller statsamtmand, der repræsenterede centralregeringen. Biskopper, garnisonskommandanter, rektorer m.fl. var kongeligt udnævnt og fungerede på samme måde som statens repræsentanter, udover naturligvis at varetage deres lokale embede. Repræsentanter for statsmagten og faglige og politiske autoriteter var tilstede overalt i landet, hvilket skabte et indtryk af et land, der hang sammen.

Til en mellemstor by hørte udover de mange offentlige funktioner et lokalt funderet erhvervsliv, som ofte var produkt af lokale iværksætteres idérigdom hjemme i baglokalet. De var ikke øverst i provinsbyens hierarki, men de var en del af et samlet, mangfoldigt miljø, som var med til at give et levende byliv, som hver især adskilte sig ganske meget fra hinanden. De selvbærende byer gav en regional mangfoldighed, som var værdifuld for landet.

Rationalitet som statsideologi

Med kommunalreformen af 1970 påbegyndte man en centralisering af den offentlige sektor, som reducerede antallet af kommuner fra 1098 til 275 og antallet af amter fra 25 til 14. Der var dog næppe tvivl om, at kompetencerne til at drive mange af funktionerne i den voksende velfærdsstat ikke var til stede i en stor del af de mange små kommuner, og stadig havde kommunerne en overskuelig geografisk størrelse, oftest med centrum i en enkelt større eller mellemstor købstad.

I løbet af 80'erne og 90'erne ændredes synet på den offentlige sektor i Danmark markant. Den nye altdominerende teori og praksis blev den såkaldte New Public Management (NPM), som fokuserede stærkt på at effektivisere. NPM var domineret af en opfattelse af, at store enheder var mere effektive end mindre, og efterhånden udviklede NPM sig nærmest til "statsideologi" i en sådan grad, at der næppe seriøst kunne stilles spørgsmålstegn ved, om store enheder og rationaliseringer nu også var en god idé. Stort set ingen andre mulige parametre blev debatteret – eller kunne seriøst debatteres. Effektivitet, rationalitet og besparelser

184

var de tre nøglebegreber, som fuldkommen dominerede debatten. Overvejelser om betydningen for sammenhængskraft, kulturarv eller historie var på forhånd dømt ude af debatten. Intet, der ikke kan stilles op i et regneark og påvise sin økonomiske værdi, tæller overhovedet. Intet måtte stå i vejen for "økonomisk effektivitet" – ja, for selve "fremskridtet".

Efter murens fald i 1989 var de danske politikere ivrige efter at hæve den fredsdividende, der dengang så ud til at eksistere. I en blanding af dyb rationaliseringstro og overbevisning om den evige freds komme nedlagde man ved forsvarsforlig efter forsvarsforlig lokale tjenestesteder og samlede gradvist værnene i større og større enheder. Overvejelser om, hvad de lokale kaserner m.m. havde betydet for det lokale liv, endsige for den folkelige opbakning til forsvaret, var helt fraværende – ligesom det enorme kulturtab ved bl.a. lukningen og salget af Flådestation Holmen i 1990, hvor den danske flåde havde haft sit hovedsæde siden 1690, heller ikke spillede nogen rolle for beslutningen.

Med en stadig mere dominerende tro på New Public Managements evne til at sikre den mest optimale ressourceanvendelse, var jorden gødet for det store reformår 2007, hvor alle de decentrale dele af den decentrale offentlige sektor blev gennemgribende og voldsomt rationaliseret og centraliseret. Mest vidtgående var Strukturreformen, der sammenlignet med 1970-reformen var en hastigt vedtaget omkalfatring af Danmarks administrative inddeling, som reducerede de 275 kommuner til 98, de 14 amter samt tre kommuner med amtsfunktioner til fem regioner og 15 statsamter til fem statsforvaltninger.

Samme år sammenlagde man med Domstolsreformen de tidligere 82 byretskredse til 24, og med Politireformen blev de 54 politikredse til 12 nye. Og sandelig om ikke 2007 også var året for oprettelsen af landets otte professionshøjskoler (*university colleges* på "nudansk"), der administrativt og i stort omfang også geografisk samlede en lang række mellemlange uddannelser i større enheder. Hertil kommer adskillige runder forsvarsforlig med lukninger af kaserner i mange byer landet over og diverse centraliseringer af andre institutioner som en direkte eller indirekte følge af strukturreformen (bl.a. er hver tredje biblioteksfilial lukket siden 2006, 235 stk. i alt). Alt i alt løber lukningerne af rådhuse, biblioteker, kaserner, politistationer, sygehuse, domhuse og mange uddannelsessteder op i adskillige hundreder.

Konsekvenserne var drastiske, ja nærmest revolutionerende for de danske provinsbyer. Gamle amtshovedstæder, der havde haft administrationen som en væsentlig del af deres liv og identitet, blev på kort tid stort set tømt for offentlig administration. I Thisted – Jacob Paludans Havnstrup – slap man nogenlunde nådigt igennem, fordi byen blev ved med at være hovedsæde for en kommune, og også fortsat har byret og sygehus i behold. De fleste steder gik det langt værre.

I den gamle kongeby Ribe lukkede sygehuset i 1998, kommunen, amtet og byretten i 2007, seminariet i 2009. Lokalpolitistationen, som er en satellit til politiet i Esbjerg, har nu åben kl. 13-15, torsdag 15-17, om fredagen er der lukket. Kommunen hedder Esbjerg og har hovedsæde der, 30 kilometer væk. Ringkøbing, engang også amtshovedstad og centrum for en selvstændig kommune, gik det på tilsvarende vis.

Masser af andre små og mellemstore byer er på tilsvarende vis i dag stort set tømt for akademikere. Det gælder eksempelvis hæderkronede danske byer som Tønder, Fåborg, Assens, Svendborg, Korsør, Sorø, Præstø og Stege. Som følge af denne voldsomme dominans i debatten, var kritikken af den stigende centralisering af den offentlige sektor svag og sporadisk, selvom man visse steder i landet forsøgte at kæmpe for sin traditionelle kommune – oftest uden held. Der var heller ikke nogen overvejelser om, hvad man eventuelt kunne sætte i stedet – var det rimeligt at støtte en anden udvikling i de lokalsamfund, der måtte afgive så mange offentlige arbejdspladser?

For som led i den gamle danske tradition for centralisme var landdistriktspolitikken så godt som opgivet, og noget sådant er jo på ingen måde rationelt heller, vel? I højere og højere grad er synet på landets udvikling blevet udtryk for en slags "nødvendighedens politik", som i realiteten ikke er til diskussion.

De institutioner, der lukkede efter den store centraliseringsbølge, havde typisk ligget der i generationer. De hørte naturligt sammen med lokalmiljøet, gav en nærhed til centrale dele af den offentlige forvaltning og var med til at skabe lokalsamfund, der fungerede, fordi der var mange typer af arbejdspladser – også en hel del akademiske. Ledere og ansatte på institutionerne udgjorde meget ofte rygraden i det lokale kulturliv, foreningsliv og politiske liv. Man så med selvfølgelighed mod kommunaldirektøren, overlægen, bibliotekaren, obersten eller dommeren, når der skulle vælges formænd for de lokale foreninger, holdes båltale til Sankt Hans eller samles penge ind til nye trøjer til fodboldklubben. Samtidig med, at man vel at mærke kunne få politiet i tale, hvis man havde haft indbrud, møde sit lokale byrådsmedlem på gaden til en snak om stoppestedets placering og få sine skoletrætte unger kostet hen på den lokale erhvervsskole.

Alt det er de fleste steder væk nu, og konsekvenserne for de mindre bysamfund har efter alt at dømme været dramatiske. Når hele makronbunden af offentligt ansatte forsvinder, så forsvinder også en væsentlig del af livet i byen, og dermed attraktionen ved at bosætte sig der. Ingeniøren søger ikke længere ansættelse i det lokale byggefirma, for hans hustru kan ikke længere få det job ved kommunen, som hun ønsker sig. Den lokale fabrikant flytter sin produktion til Fjernøsten, for byens unge, som tidligere udgjorde et godt rekrutteringsgrundlag, flytter væk for at tage en uddannelse, og de kommer ikke tilbage igen, når først de har vænnet sig til storbyens skæg og caféliv. Der er fortsat butikker på gågaden, men variationen og koloritten mindskes år for år, fordi befolkningssammensætningen er blevet mindre varieret og mange af de købestærke borgere er flyttet væk. Livet suges gradvist ud af de små samfund i en krisespiral, som kan være svær at vende igen.

Hvem vil bo et sted, hvor politiet aldrig kommer, der er 150 km til det nærmeste sygehus, byrådsmedlemmerne sidder i en større by 50 km væk, og det er umuligt at få sig en ungdomsuddannelse? Ja, man kan dårligt nok sende eller modtage et brev, for postvæsenet er også stort set nedlagt for at gøre det så effektivt og markedsorienteret som muligt. Og det lokale kulturliv og den lokale debat, som forudsætter indslag af borgere med et vist uddannelsesniveau, går gradvist ned ad bakke.

Adskillige hæderkronede danske byer med en lang og rig historie er dermed gradvist blevet reduceret til forfaldne levn og dunkle minder om fordums storhed, og den rige mangfoldighed med store variationer mellem byer og landsdele, som tidligere var en selvfølgelighed i Danmark, er i stort omfang gået fløjten. De er drænet for en stor del af de borgere, der socialt, kulturelt og økonomisk var i stand til at give byen liv og rygrad og gøre den til et lokalmiljø, der hang sammen og fungerede i sin egen ret. Den sociale kapital, der er nødvendig for, at udvikling kan finde sted, og for at der kan etableres et frugtbart samspil med de andre toneangivende grupper, som en by skal bestå af for at kunne fungere, er i stort omfang forsvundet.

Man kan diskutere de positive effekter af denne enorme centraliseringsbølge, som naturligvis havde til formål at skabe en mere effektiv og omkostningsbevidst offentlig sektor. De er efter alt at dømme mere end vanskelige at dokumentere, og centraliseringen udspringer frem for noget af en ideologisk præget opfattelse af, at man ville modernisere og effektivisere Danmark. Som al ideologi udsprang den ikke i nævneværdigt omfang af iagttagelser af den konkrete virkeligheds behov, men havde i langt højere grad sit fodfæste i skrivebordsteoriernes tynde luftlag. De målbare resultater af Strukturreformen er således en enorm vækst i antallet af administrative medarbejdere og højtuddannede akademikere i kommunerne, alt i mens der er sket et markant fald i antallet af pædagoger, skolelærere, socialrådgivere m.fl. I de seneste ti år er antallet af akademikere i kommunerne steget med knap 6.000 ansatte, svarende til en stigning på mere end 50 procent. I samme periode er der blevet godt 3.700 færre lærere og knap 6.700 færre pædagoger i kommunerne.[1] Er det en sund udvikling? Det er vel ikke fuldkommen indlysende.

Globaliseringen accelererer udviklingen

Det var aldrig fabrikanter og butiksindehavere, der alene bar livet i de mindre byer, men de hørte med i sammenhængen og udgjorde også en vigtig del af den lokale kultur i form af medlemskab af borgerforeninger, handelsstandsforeninger, håndværkerforeninger m.m. Dele af erhvervslivet finder man fortsat i de mindre byer, navnlig detailhandelen, men det er kun en skygge af, hvad det var engang.

Det var således ikke kun den offentlige sektor, der ønskede at rationalisere. Erhvervslivet gjorde det i høj grad også, og navnlig efter murens fald i 1989 kom der fart i udflytningen af danske produktionsarbejdspladser til de genåbnede østeuropæiske lande. Senere flyttede mange af dem længere væk, til Asien. De høje danske lønninger og vidtforgrenede system af lønmodtagerrettigheder gjorde det attraktivt at flytte produktionen til lavtlønslande, og umiddelbart virkede det fornuftigt og fremmende for konkurrenceevnen, at danske virksomheder fik produceret billigst muligt.

Den dominerende tankegang op gennem 90'erne var, at fremtiden bestod i kreativitet. Danskerne skulle leve af deres idéer, og andre folkeslag skulle gøre det grove arbejde. Senere viste det sig at være en problematisk teori, for andre kunne også være kreative, og når produktionsarbejdspladserne flyttede, så flyttede idéudvikling før eller siden også med. Men der var en tid bred konsensus om, at det var sådan, fremtiden så ud. Den amerikanske professor Richard Florida blev den nye guru for navnlig partiet Det Radikale Venstre, som hørte til de hippe steder at orientere sig imod i 90'erne, og han talte besnærende om den kreative klasse, som ville erobre verden. Men de kreative befandt sig

---

[1] https://www.altinget.dk/artikel/161560-antallet-af-akademikere-er-eksploderet-i-kommunerne

overvejende i København, og ingen tænkte det vist rigtig anderledes. For maskinmesteren eller lagerarbejderen i Langå var der ikke meget hjælp at hente hos de kreative.

Med finanskrisen omkring 2008 ændrede dansk erhvervsstruktur sig markant, og det blev igen først og fremmest på de mindre byers bekostning. Krisen kostede 200.000 private arbejdspladser, som lå spredt rundt i landet, men navnlig gik det hårdt ud over de mindre samfund, som ikke havde så meget i forvejen. Det svarede til hver 10. arbejdsplads på det private danske arbejdsmarked, og selvom der igen kom vækst i den private beskæftigelse efter nogen år, så var det typisk ikke de mindre byer, der fik deres arbejdspladser tilbage.

En usund udvikling

Med tab af arbejdspladser og tab af lokal kultur og social kapital er der ikke meget at komme efter i mange mindre og mellemstore byer. Det igangsætter en negativ spiral, som ses på mange planer. Problemerne hober sig op. Borgerne i udkantsområderne er ældre, har dårligere helbred og flere sociale problemer end borgerne i de store byer. For omkring 20 år siden var gennemsnitsalderen på Læsø og i København den samme, i dag er den 55 år på Læsø og 32 år i København. Provinsen er stærkt overrepræsenteret, når det gælder hjerte-karsygdomme, sukkersyge, psykiske lidelser og kroniske sygdomme.

Parallelt med udviklingen har holdningen til livet i yderområderne ændret sig hos det flertal, der bor i de store byer. Hvor storbyen tidligere blev set som arnested for synd og fortabelse, så er den rolle nu overtaget af de mindre bysamfund. Og hvor landlivet tidligere blev anset for friskt, sundt og autentisk, så er det nu i storbyens kreative miljøer med den økologiske livsstil, at der er sundt at være. Det er bag landsbyens afskallede facader med huller i tagrenden, at alkoholisme, incest og vanvid trives, hvorimod livet i storbyen er inspirerende og udviklende.

Det afspejler sig også i den måde, litteraturen beskæftiger sig med storby og provins. Firkantet udtrykt er den hovedstrømmen i dansk litteraturs egnsbeskrivelser således gået fra Ole

Jastrau i forfald på Københavns værtshuse i Tom Kristensens *"Hærværk"* til Erling Jepsens besynderlige dysfunktionelle eksistenser i det sønderjyske. Den fysiske udvikling med afvandring fra land til by understøttes af en mental udvikling, hvor synet på landdistrikterne bliver stadig mere negativt og fremmedgjort. Gradvist eroderes det nationale fællesskab, bevidstheden om, at danskerne er ét folk med fælles historie, nutid og fremtid.

På det senere synes der dog at være en interessant modbevægelse i gang, hvor flere øer og andre udkantsområder har haft held med at tiltrække nye tilflyttere – ofte fra den såkaldte "kreative klasse", der afviser det stressede storbyliv og søger mod et liv, som de opfatter som mere autentisk og rodfæstet. Det er foreløbig kun et spirende fænomen i enkelte lokalsamfund, som ikke ændrer på det generelle billede, men kan blive interessant at følge i de kommende år.

Med hatten i hånden

Under den nuværende regering har man påbegyndt en større udflytning af statslige arbejdspladser fra hovedstadsområdet. Løvens part går dog til de store provinsbyer. Her i anden udflytningsrunde blev de store vindere Odense på en klar førsteplads, som får tilført 465 statslige arbejdspladser, Aarhus, som står til at modtage 306, og Aalborg som får 156. Det er ellers de byer, som i forvejen var de store vindere efter 00'ernes centraliseringsbølge. Også mindre byer får dog tilført nogle håndfulde arbejdspladser hist og pist. Typisk tilfældigt og uden nogen form for forankring i den lokale kultur, og med medarbejdere, der i stort omfang bosætter sig i den nærmeste større by. Som det f.eks. er sket med samtlige Børnerådets 16 årsværk – der i princippet er udflyttet til Billund, men hvor ingen af de ansatte bor – og som det også vil ske med Dansk Sprognævns 16 årsværk i Bogense.

Nogle få pendler, de fleste siger op, ingen bosætter sig i Bogense. Det er ynkeligt at se borgmestre stå åndeligt talt med hatten i hånden og juble over den form for tvivlsomme almisser fra de politikere, som selv har afsnøret kommunens åndelige ilttilførsel og med åbne øjne ødelagt dens egentlige kultur. Der er over det hele en grundstemning af at være på støtten og være glade for lidt smuler fra den glitrende hovedstads overflod. Ikke som før som en naturlig del af en statsadministration, der var til stede i hele landet, men som tilfældige dryp, som er en meget ringe erstatning for de mange arbejdspladser, centraliseringen kostede de mindre byer. Uanset hvad man i øvrigt kan mene om de dokumenterbart store omkostninger og effektivitetstab i forbindelse med udflytningerne.

Lidt bedre er det med flere uddannelsespladser i de mindre byer, som også er en del af den seneste udflytningsbølge, men det er som et børneplaster på et åbent benbrud i forhold til, hvad der allerede er mistet – og hvad uddannelsessektoren i øvrigt fortsat mister årligt som følge af stigende effektivitetskrav.

Over hele verden er tendensen, at mennesker søger mod de store byer, mens landområder og mindre bysamfund gradvist tømmes for liv. Det er en udvikling, som efter alt at dømme er svær at ændre på. Der findes dog næppe noget land i verden, hvor den udvikling er blevet så aktivt og målbevidst fremmet af ivrige politikere, som tilfældet er i Danmark.

Det historieløse samfund

Mange af Danmarks mindre og mellemstore byer i realiteten under afvikling. De unge og entreprenante flytter, og befolkningstallet falder drastisk. På Langeland, engang en selvbærende ø med en rig kultur, funklende herregårde og smukke landsbyer, bor der i dag godt 12.000 mennesker mod ca. det dobbelte for 40 år siden. Selvom det er steget en lille smule inden for de senere år sætter en halvering af befolkningstallet naturligvis sit tydelige præg på et øsamfund.

Historiebevidstheden har trange kår i Danmark. Efter et par årtier, hvor almindelig dannelse i form af generel indsigt i historie, kultur og andre discipliner, der ikke er umiddelbart erhvervsrettede, er blevet set ned på, er der et gabende hul i mange danskeres viden om historie. Det smitter også af på deres holdning til det lokalsamfund, de lever i. Hvad var forudsætningerne for, at de gamle netop byggede by her? Hvad har vi været, hvad har folk levet af og arbejdet for netop her? Savner man den bevidsthed, så er det også sværere at protestere mod forandringer, som truer med at erodere lokalsamfundets fundament. Når man ikke er bevidst om et samfunds rødder, så er man lettere til fals for overfladiske effektivitetsdagsordner som NPM.

Den materielle kultur i mange småbyer forsvinder gradvist. De tomme og forfaldne huse langs landsbyens hovedgade rives ned, ofte finansieret af den nedrivningspulje, der hører til de få eksempler på egnsudviklingsstøtte, der kan opnås. Nedrivning, afvikling, det kan støttes. Og nedrivning anses også af de lokale for fremmende for byens attraktivitet. Der bliver lys og luft frem for faldefærdige rønner, som engang husede smedjen, mejeriet og købmandsbutikken. Men med de gamle huse forsvinder også den fysiske erindring om det liv, der var engang. Og med erindringen forsvinder også identiteten. Tilbage står en mere trimmet landsby, men med åbne fysiske og mentale sår, som måske bliver endnu sværere "at sælge". For hvem vil bo et sted, som ingen identitet har?

Tilbage til den rette vej?

Er der en vej tilbage for dansk provins? Vil det kunne lykkes at ændre den nedgangsspiral, som landets yderområder er inde i i disse år, og igen få mennesker med sociale og kulturelle ressourcer til at flytte til de mindre byer, hvor de kan være med til at genopbygge et interessant lokalt liv? Måske, men i så fald handler det ikke om tilfældige dryp af statslige arbejdspladser, men om en mere grundlæggende indsats for at gøre de mindre og mellemstore provinsbyer til attraktive steder at bo igen.

Da teknologiudviklingen for alvor tog fart i midten af 90'erne, var den herskende opfattelse, at teknologien ville gøre mennesker uafhængigt af geografi, og at det nu ville være muligt at bo og arbejde langt mere decentralt i landet. Der skete det modsatte, teknologien blev argument for at centralisere mange funktioner. En del af forklaringen var, at infrastrukturen ikke fulgte med, og at f.eks. velfungerende internetforbindelser, som er en oplagt selvfølgelighed i de store byer, langtfra er det ude omkring i landet. Hver tredje borger i Region Sjælland oplever således den dag i dag svigtende internetforbindelser. Fra politisk hold har viljen til at investere i velfungerende internet i yderområderne været ganske træg, men efterhånden er der så småt ved at komme skred i tingene med puljer til udbredelse af fibernet de steder i landet, hvor det kniber. Det er naturligvis en afgørende forudsætning for, at man kan bo et sted i 2018.

Det er imidlertid på flere områder, at det kniber med infrastrukturen. Den offentlige transport er mange steder i landet helt og aldeles utilstrækkelig. Busruter indskrænkes eller nedlægges jævnligt, og det er fortsat et nærliggende område for regioner og kommuner at spare på, igen i den hellige rationalitets navn. Udgifterne stiger, og statens tilskud falder, hvilket netop nu har ført til, at flere regioner arbejder på endnu en større barbering af den lokale busbetjening, i Region Midtjylland i størrelsesordenen mere end en tiendedel af det samlede budget. Men konsekvenserne er større udgifter og mere besvær ved at bosætte sig uden for de store byer. Ofte vil to biler i familien være en nødvendighed for at få dagligdagen til at fungere.

Et særligt – og væsentligt – kapitel udgøres af uddannelsesinstitutionerne, helt ned til folkeskoleniveau. Kommunerne har over en bred kam sammenlagt de mindre landsbyskoler til store centralskoler over de seneste 20-30 år, og de få steder den lokale skole i en mindre landsby eller på en ø er i behold, er det med stor sandsynlighed på lånt tid. Men det er naturligvis en forudsætning for at kunne tiltrække børnefamilier, at der er mulighed for at gå i skole inden for en rimelig radius. En ordentlig landdistriktspolitik burde erkende dette og hjælpe kommunerne med at bevare de små lokale skoler.

Med den seneste udflytningsrunde er der taget spæde skridt til at skabe flere uddannelsesmuligheder for de unge uden for de store byer, og det er på høje tid. Når man ikke kan tage sig en gymnasial uddannelse i sin hjemby, de mindre byers erhvervsuddannelser er lukkede eller skåret ned til sokkeholderne, og alt hvad der ligger derudover i hvert fald foregår meget langt fra hjemmet, så er sandsynligheden for, at man nogensinde selv bosætter sig på sin hjemegn, meget lille. Man bliver en del af livet i de store provinsbyer, hvor gymnasierne og universiteterne ligger, hvor der er masser af andre unge mennesker, musik og caféliv. Hvorfor skulle man tilbage til den flække, man forlod?

Man kan næppe decentralisere den offentlige administration i sin helhed igen. Men dele af den offentlige service kan med fordel decentraliseres. Måske ikke som den var, men for at opfylde behov, der er åbenlyst berettigede. Det gælder ikke mindst politiet og sundhedsvæsenet. Fraværet af lokale politistationer på nær måske i heldigste fald et par timers åbningstid midt på dagen skaber utryghed og en følelse af forladthed. Der mangler de lokale politibetjente, der kendte de lokale rødder og derfor også var i stand til at fange spirende problemer, før de uundgåeligt førte for langt og uoprettelig på afveje. Større tilstedeværelse af politi i de mindre byer vil være et positivt fremskridt.

Der er ingen tvivl om, at det er godt og nødvendigt at samle mange specialer på sundhedsområdet i de nye "supersygehuse". Men meget af den daglige forebyggelse og sundhedsfremme ligger ikke naturligt her, men langt tættere på, hvor folk bor. En større prioritering af lokale sundhedshuse, som også tilbyder mere attraktive faglige miljøer for de læger, som ellers er særdeles svært at tiltrække til de mindre samfund, ville være god landdistriktspolitik og god sundhedspolitik, fordi det ofte er i yderområderne, der er behov for en ekstra sundhedsindsats.

Danmark har brug for en landdistriktspolitik, der adresserer disse spørgsmål og andre, hvis vi skal blive ved med at være et land, der hænger sammen. I en tid med store økonomiske og geografiske forandringer, som den vi nu lever i, er der ekstra behov for politisk ledelse, som ikke blot accepterer diktatet fra "markedet" eller "globaliseringen". Der er tilsyneladende en modbevægelse på vej, hvor flere og flere ressourcestærke mennesker drømmer om at bosætte sig uden for de store byer, men de har brug for støtte og opbakning, hvis det skal udvikle sig til mere end et marginalt elitefænomen.

Da Danmark blev industrialiseret i sidste fjerdedel af 1800-tallet, var der fremsynede politikere, der tog initiativ til de første sociale reformer for at fremme en rolig samfundsudvikling, hvor alle kunne føle sig repræsenteret, uanset hvor på den sociale rangstige de nu befandt sig. Det er i grunden en sådan fremsynet tankegang, vi nu igen har behov for her i urbaniseringens tidsalder.

Nikolaj Bøgh (f. 1969) er cand.scient.pol. og konservativt medlem af Frederiksberg Kommunalbestyrelse. Han har skrevet en række bøger og artikler om politisk historie, bl.a. de konservative politikere og brødre Aksel og Poul Møller.